QUITTING
やめる力
最良の人生戦略

ジュリア・ケラー
Julia Keller, Ph.D.

児島修 訳

日本経済新聞出版

QUITTING: A Life Strategy by Julia Keller

アニー＝ケイト・グッドウィン

（1986 - 2019）へ捧げる

あらかじめはっきりと線を引いておいて、

それを越えたらその先は一歩も進まないと拒むことなどできない。

時には、失敗を成功への足がかりにしなければならないこともある。

希望と絶望のあいだで、

絶妙なバランスを保たなければならない。（中略）

結局、すべてはバランスの問題なのだ。

——ロヒントン・ミストリー著『A Fine Balance』（未訳）

間違った道を進んでしまったら、

どんなに遠くまで行っていたとしても、引き返すこと。

——ことわざ

目次

第3章 ジェニファー・アニストン、仕事をやめる ——「やめること」は、メディアでどう描かれてきたのか

第2部

なぜ「Quitting《やめること》」は悪い言葉になったのか

第8章 「仕事で成功するための道のり」を手放す 207

第9章 やめることの罪悪感 ——大切な人をがっかりさせたらどうしよう？ 237

第10章 SNS依存をやめる

第11章 やめる人たちのコミュニティ

〔 〕は訳註

プロローグ

何もしなければ、何も変わらない。
何も変わらなければ、知っていることにしがみつくしかない
——たとえそれが、刑務所の鉄格子であっても。
——ジョン・ル・カレ（英国の小説家）

「やめること」は、愛の行為だ。

それは、非常口であり、遠回りすることだ。それは近道であり、想像力の飛躍であり、抵抗のために振り上げた拳《こぶし》であり、救いの手である。それはまた、大惨事を起こしかねない。

なぜなら、裏目に出れば、キャリアアップを妨げ、人間関係を破綻させるかもしれないからだ。つまり、人生が台無しになるかもしれない。

同時に、「やめること」は人生を救うものにもなる。

おおまかに言えば、「やめること」は自分自身と未来に対する寛容な態度であり、自分自身に「これじゃない。今じゃない。後で、何か別のことをしよう」と語りかけることだ。

やめることをあまりポジティブにとらえていない人もいるだろう。それはわかる。私も長いあいだ、そう考えていたから。実際、あの忘れられない夜に、ウエスト・ヴァージニア州モーガンタウンの狭いアパートの薄汚れたリノリウムの床にあぐらをかいて座り、思い切った行動をとるべきだという考えに苛《さいな》まれながらも、周りの目を恐れて、これから10分、ましてや残りの人生をどうやって耐えればいいのかと泣きながら途方に暮れていたときの私は、まさにそうだった。あのときの私は、やめることをポジティブにとらえるなどとうていできなかった。

数年後に振り返って、このどん底の夜のことを冗談のネタにすることもあった。

「想像してみてよ。19歳の私が床にしゃがみ込んで大泣きしてバスタオルで鼻をかんでる姿を。ティッシュじゃいくらかんでも足りなかったの。まるで悲劇のヒロイン気取りね」

大学院に通うために初めて実家を出てモーガンタウンでひとり暮らしをした頃に体験したこのエピソードを友達に面白おかしく聞かせるときには、「やるせなかった」「物寂しかった」といったちょっと洒落《しゃれ》た言葉や、「底知れぬ絶望」といったメロドラマ的なフレーズを口走ったものだ。昔の愚かな自分に、あきれた表情をして鼻白んだりもした。

でも、実際にそれを体験していたときは、鼻で笑ったりはできなかった。ちっとも面白くなんてなかった。あの夜の出来事を笑い話にしたのは、当時の惨《みじ》めさを覆い隠すためだった。私は大きなタオルで鼻をかみながら、息もできないほどの絶望感に打ちひしがれていた。ウエスト・ヴァージニア大学ではちょうど授業が始まったばかりで、私は大学院のティーチングアシスタント〔指導補助〕をしながら、英文学の博士号を取得しようとしていた。お察しの通り、いろんなことがうまくいっていなかった。

孤独だった。

絶望的なほどのホームシックにかかっていた。自分が取っている講義も、教える側の授業も嫌いだった。大学も、アパートも、モーガンタウンも嫌だった。要するに、何もかもが嫌いだった——とりわけ、自分自身が。私はこの事態を切り抜けられるはずだと信じていた。なのに、それができなかった。私は一般的な大学院生よりも若かった（そして入学後すぐに明らかになったように、ぞっとするほど未熟だった）が、理論的には、大学院に進学することは自分にとってこれ以上ない人生の選択肢だと思えた。でも、現実はそうではなかった。ネガティブな感情が湧《わ》き上がってくるのを抑えきれなかった。それでも、あきらめるという選択肢はなかった。あきらめれば、自分の負けを認めることになる。役立たずの人間、世間の落ちこぼれになってしまう——。

バスタオルでむせび泣いたあの悲劇の夜、私は感情のどん底に落ちていた。一度、二度、三度と跳ね返り、動かなくなった。そうして、あきらめて実家に電話した。父が出た。

「もう無理」

私は泣きじゃくり、むせびながら言った。

「どうしていいかわからない」

父からは「そんな子どもみたいなことを言うんじゃない。頑張って続けるんだ。そうすれば、きっといい結果が待っている」と言われるのだと思っていた。

とはいえ、大学の数学教授で、普段は厳しく、泣きごとを言う者に同情しない父も、そのときの私に必要なのは、「弱音を吐かず、前を向くんだ！」式の厳しくも愛のある叱咤激励ではないと感じ取ったのだろう。優しい声で、「お前のアパートまで、3時間あれば着く。今から車で向かうから待っていなさい」と言ってくれた。

それから1カ月ほど、実家の自室に隠れるようにして過ごした。

地元の友達に見つかったらどうしよう？

威勢よく故郷を捨てて出ていった挙げ句、早々に逃げ帰ってきたことがバレたら？

きっと脱落者の烙印を押される。そうなったら、仲間はずれにされるだろう――。私は先回りして、自分から友達を遠ざけることにした。

私は少しずつ調子を取り戻した。やがてライター仕事のインターンシップに応募し、ワシントンDCの調査報道記者ジャック・アンダーソンのもとで働くことになった。それをきっかけに小さな町の新聞社に就職し、のちに大手新聞社に転職した。最終的には「シカゴ・トリビューン」紙に入社し、そこでピュリツァー賞を受賞できた。

あの夜、片手にタオル、もう一方の手に受話器を持ち、汚れた床に座り込んで恐怖に打ち震えながら、実家に電話して負けを認めるかどうか思案していたときの私は、なんとか自分を励まそうとも思っていた。これまでに見聞きしてきた、やる気を起こさせる演説や、光り輝くような格言をすべて思い起こそうとした。鬼軍曹となって、自分を叱咤激励しようとした。

「君ならできる!」

でも、できなかった――。

だから、わたしはやめた。

なぜ、やめてはいけないの?

もし、本書を書くきっかけになった出来事を1つだけ選べと言われたら、私はモーガンタウンでの体験を選ぶ。ひとり暮らしのアパートで泣き崩れ、これから自分の人生はどうなるのだろうかという不安を抱え、途方に暮れていたあの夜のことを。

あきらめることは、単純明快な生存本能である。けれど、いざそれを実行しようとしたとき、私は脳裏をよぎる数々の強力なメッセージを打ち消さなければならなかった。

やめることは弱く、恥ずかしく、臆病なことだというメッセージだ。私たちはこうしたメッセージにプレッシャーをかけられている。たとえどれほど精神的に参っているときであっても、それは変わらない。私の心と身体は、「まだ大学院生になる準備ができていない」という明確なシグナルを発していた。その後、私はオハイオ州立大学で博士号を取得することになるのだが、最初の大学院のウエスト・ヴァージニア大学ではうまくいかなかった。

実家に引き返したのち、次第に状況は改善していった。でもそれは私が泣き叫んで立ち止まり、心身を癒《い》やし、そのときが来たというタイミングで、ようやく前に向かって――正確には脇道に――一歩踏み出してからのことだった。さんざん自分のことを、怠け者の落伍《らくご》者と罵倒《ばとう》してからのことだった。私は自分のことを、いろんな言葉でののしった。

バカ、弱虫、間抜け、臆病者――。

実家で自分の部屋にこもっていたとき、鏡を見てたじろいだ。そこにいたのは、すっかり気力を失った女の子の姿だった。忍耐力がなく、我慢し続けることができなかった子だった。

でも、その後で不思議に思うようになった。どうして、私はこんな試練を自分に課したんだろう？　大学院に行くという試練ではなく、大学院をやめようと思ったことに端を発する心理的な試練を。すでに十分ひどい状況だったにもかかわらず。どうして、あんなに自己嫌悪に陥り、自分を責めたんだろう？

現代の社会では、「やめること」は、屈服や降伏を意味すると見なされている。

でも、そもそもなぜこのような奇妙な考えが生まれてきたのだろう？

「やめるのはよくない」と言ったのは誰なのか？

いつ、どこで、どんな理由でこのような考えが定着したのか？

人類とともに地球に生きている動物たちは、「やめてはいけない」という偏見に悩まされてはいない。動物たちは、生き延びるという唯一の目標に従って生きている。ある行動がうまくいかなかったり、食べ物を得られなかったりしたら、迷わず、すぐにやめる。それが、生きるために必要だからだ。無駄なことにエネルギーを費やせば、疲れて肉食動物に狙われやすくなってしまう。これは私たち人間にとっても同じなはずだ。つまり、うまくいっていない戦略はすぐに見直し、必要に応じて軌道修正していくことで、最高の効果が得られるはずなのだ。

しかし世の中には、これとは正反対の考えがはびこっている。何をするにしても、やめてはいけないと言われる。米国の民間伝承からギリシア神話、学校で教わる物語しかり。ポール・バニヤン〔米国の民話に出てくる巨大な木こり〕や、ハンマーを持ったジョン・ヘンリー〔英雄として描かれる伝説上のアフリカ系米国人〕、すぐに転がり落ちるとわかっている岩を丘の上に押し続けるギリシア神話の登場人物、哀れなシーシュポスもまさにこうした精神を象徴している。

喫煙や違法薬物、過度の飲酒、スナック菓子の食べすぎなどの悪習慣とされているものを除けば、やめることは勧められていない。「すぐにあきらめる奴《クイッター》」は侮辱語であり、嘲笑を伴う。この言葉でバカにされると、子どもの頃とまったく同じように心に傷が残る。やめるという行為は、人間の行動のなかでも特別な――そして特別にネガティブな――位置づけを与えられている。やめることほど、特別な悪口の対象になる行為もない。ある状況がうまくいかないときに正当な手段として用いられることもあるが、それはまれなケースだ。

考えれば考えるほど、すべてが奇妙に思えてきた。なぜなら、今も昔も、「やめること」は、ネズミや鳥と同じように、私たちホモ・サピエンスにとっても有効な戦略であることが証明されているからだ。認めたくない人もいるかもしれない。でも、やめることは効果的なのだ。

今していることを手放し、方向転換して新しい行動を受け入れると、人生が劇的によくなることは多い。立ち止まって周りを見渡さなければ、同じ場所でつまずき続けることになる。それなのに私たちは、その道が目的地に通じていなくても、惨めな思いをしていても、ただ同じ方向に進もうとする。限界に達して、ようやくやめるべきだと気づくことがある。でもなぜ私たちは、もっと早い段階で、さっさとやめてしまわないのだろう？　人生を改善させる力があるにもかかわらず、なぜ「やめること」はここまで嫌がられるのだろう？

「やめる（quit）」という言葉を、弱々しいものと見なす人もいる。だがその語源はそれほどネガティブでもない。諸説あるが、この言葉はラテン語で「休ませる」という意味の「quietare」という動詞に由来し、他の言葉と同じように他の言語や文化の影響を受けながら進化してきたと考えられている。Dictionary.comによると、この言葉には大きく次のような3つの意味がある。

1　止める、やめる、中止する
2　出発する、離れる
3　あきらめる、辞める、手放す、断念する

私には、どの言葉も弱々しくは聞こえない。むしろ、毅然とした響きがあると思う。前向き

で、自由なニュアンスが感じられないだろうか。

「やめること」の源流を探す旅へ

「やめること」の真相を探るために、私はジャーナリストとしてだけでなく、持ち前の好奇心の旺盛さ（「迷惑一歩手前の筋金入りのおせっかい」と言う人もいるかもしれない）を活かして、いつもと同じことをした。知り合いという知り合いに、「これまでの人生で一番大きな〝やめたこと《クイッティング》〟は何だった？」と尋ねて回ったのだ。続けて、「そのことを後悔していない？」とも質問した。

友人や家族、同僚、隣人、スターバックスの列にいた見知らぬ人、公園でよく会う犬の飼い主仲間——とにかくあらゆる人に話を聞かせてほしいとしつこくせがんだ。彼らは、何かをやめることで生き方を方向転換させてきた友人や同僚、家族を紹介してくれた。みんな、生まれたときから押し付けられる、「やめるのはよくない」という世間的なアドバイス——「頑張ってそのまま続けなさい！」「勝者は決してあきらめないし、あきらめる者は決して勝てない」「ネバーギブアップ！」「あきらめなければいつかは勝てる！」——に逆らい、やめることで人生を変えた人たちだ。

最終的に、150人余りの人たちに話を聞いた。

そのうち誰ひとりとして、「申し訳ないけれど、何も思いつかないわ」とは言わなかった。全員が何かをやめたことについての語るべき話を持っていた。そして、それを話したがっていた。つまり「やめること」は、それだけ社会のなかで大きな意味を持っているということなのだろう。世の中には、何かをやめるのは恥ずかしいことだという考えがある。でも誰もが心の底では、やめることには状況を覆し、自分を変え、前に進む力があると気づいている。

「やめること」によってそれまでしていたことを手放し、新たな方向に踏み出した人の話を聞くのは実に興味深かった。人生に「絶対」はない。だからやめることが良い結果をもたらす場合もあれば、そうでない場合もある。それでも、彼らの話には必ず明日への希望があった。本書には、このような物語が数多く収められている。

同時に、私は「やめること」の不思議な世界を徹底的に調べ始めた。まず動物の行動にヒントを求め、次に神経科学者や進化生物学者、心理学者といった、何かを放棄することの謎、つまり「ある行動を放棄したとき、人間の脳では何が起こっているのか?」という謎を解明しようとする研究者たちにインタビューした。さらに調査の対象範囲を広げ、自己啓発書から、「サンクコスト〔投資済みで回収できないコストのこと〕の誤謬《ごびゅう》」や「機会費用」に関するネット動画、流行のライフコーチング、行動科学を用いて人々の行動を変えようとする「選択アーキテクト」運動〔「やめること」とは「選択すること」だから〕に関する記事まで、「やめること」にまつわるあらゆる情報に手を伸ばした。

「やめるのは悪いこと」という考えはどこから生じたのか？　なぜ私たちはやめることをこ

れほど忌み嫌い、何かをやめるときに罪悪感を覚えるのだろう?

しかし「やめること」なくして人類の進歩はなかった。科学の発展は、新たな発見に伴い、古い概念を捨てることで成り立っている。つまり「やめること」は、知的な進歩の中心にある。もし人類が、最新の発見を前にしても、古く誤った考えを手放すのを拒んできたらどうなっていただろう? いまだに病気は身体に取り憑《つ》いた悪霊によって引き起こされるものと考えられ、誰かが病に倒れるたびに、「いい悪魔祓《ばら》いを知らない?」と周りに尋ねていただろう。

鳥類の世界の素晴らしさをわかりやすく紹介した著書で知られる英国の科学者ティム・バークヘッドは、こう述べている。

「科学者は、既存の学説が正しいかどうかを再検証することで確かめられる。しかし、既存のものよりも優れた学説が出てきたとき、科学者は真実についての考えを変えられる。新しいアイデアやより良い証拠に照らして考えを変えることが、科学の進歩なのである[1]」

とはいえ、私たちの日々の生活や、次に何をすべきかについての決断では、「やめること」はいまだに嫌われ、敗者《ルーザー》が逃げ込む場所というレッテルを貼られている。新型コロナウイルスのパンデミックによって、喜びが感じられない仕事や悪意ある上司に耐え続けることの意味が疑問視されるようになったおかげで、今日では以前より「やめること」がわずかに受け入れられるようになったのかもしれない。それでも、「やめること」がキャリアアップにつながるとは言い難い。リンクトインのプロフィールに、「転職を繰り返していること」が市場価値のあるスキルとして挙げられることはめったにない。

だから本書の目的は、「あきらめること」に関する最新の科学的成果を読者に届けるだけでなく、そもそもなぜ私たちが「根性や粘り強さ（グリット＝grit）」という考えに騙されてきたのかを探ることにある。

「やめること」は、いつから、なぜ、「失敗」と同義になったのか？

「頑張ってやり抜くべき」という世間の重圧に負けずに「うまくやめた人」にとって、そのカギは何だったのか？

彼らの体験談は、「我慢し続けることが成功の秘訣」という、メディアや自己啓発書が声高に謳《うた》うメッセージに目をくらまされないための助けになるかもしれない。

「やめること」について深く理解をしたうえで、最終的に「やめない」ことを選んだとしても、それは自分自身が下した納得できる決断になるはずだ。それは「困難に立ち向かい有意義な人生を送るために、何事もやめてはいけない」といった、世間から押し付けられた考えを鵜呑みにすることではなくなる。

「グリット」と「クイット」

では、ことの始まりはどこにあるのだろうか？　つまり、根性《グリット》や粘り強さは美徳であり、やめる《クイット》ことは罪であるという考え方はどのようにして社会に定着したのだろうか？
当然ながら、そこにはプロテスタントの労働倫理として知られる厄介な概念が大きく関わっている。ペンシルベニア大学ウォートンスクールの教授で、自己変革に関する何冊ものベストセラーの著者であるアダム・グラントは、「根性や忍耐を美徳として扱うのは、プロテスタントの宗教改革の遺物である」と述べている。[2]

彼は私に、「これはアメリカンドリームの一部なのだ」とも語った。

ことは米国だけの問題ではない。他国でも、グリットは重要だと考えられている。だからこそ、こうした価値観に対して最近起こった小さな反発がニュースの対象になる。作家のチャーリー・タイソンは、「中国の〝寝そべり主義〟[3]〔厳しい競争社会を避け、つましいライフスタイルを送ろうとする若い世代の考え〕運動から、日本や韓国における過労死問題に対する抗議まで、先進国では非人道的な労働観に対する憤りが高まっている」と述べている。彼は、仕事による燃え尽き症候群に苦しむ労働者が驚くほど多いと報告されている国のリストに、スウェーデンとフィンランドを加えている。驚くほど多いというのは、これらの国では長いあいだ、とてつもない忍耐力を示すことがよしとされ、それが当然のものとして見なされてきたからだ。

最近では、「寝そべり主義」はさらに勢いを増している。歴史学者のレナ・ミッターはこう書いている。「中国のソーシャルメディアでは、〝潤学(runxue)〟という流行語が見られる。[4]これは逃げ延びることについての学問という意味だ。中国の若い労働者は、パンデミックによる厳しい行動制限や、競争の激しい労働環境、結婚や経済的成功を求める社会的なプレッシャーなどによって意気消沈している」

今までは隠れていたこうした声が、表に出始めている。2021年の「ニューヨーク・タイムズ」紙に掲載された話題のエッセイのなかで[5]、キャサディ・ローゼンブラムは、「24時間、常に気が休まらないニュース番組の制作」で多忙を極めたラジオプロデューサーから、自宅でゆっくりくつろぐ時間のある生活へと暮らしぶりを変えた自らの道のりについて語っている。「現代では、仕事は堪えがたいものになった。それに対する抵抗は休息だ」

たしかに、そうかもしれない。しかし、もちろん話はそんなに単純ではない。なぜなら、もしグリットが私たちの想像力をこれほど強く支配していなければ、グリットを拒否しようとする人たちの主張に注目が集まることもないからだ。「ある日突然、グリット――長期的な目標の達成に情熱を注ぎ、それを追求するスタミナを示すこと――の話をいたるところで目にするようになった」[6]と認知心理学者のダニエル・ウィリンガムは、根性や忍耐力がやたらともてはやされるようになった2016年に書いている。

無断欠勤する労働者が一時的に増えたにもかかわらず、「途中でやめる者は人生に失敗する」というグリットの伝統的な教えは残っている。現実には必ずしもそうではないのに、こうした教えに従って生きていれば成功できるという考えが世の中に根強く浸透している。

我慢して何かにしがみつくように生きた結果、苦労を重ねて破産する者もいる。その一方で、手を抜きながらうまく大金を稼ぐ人もいる。それでも私たちは、「耐え忍べば成功する」という単純な因果関係を信じるように仕向けられている。

本書では、こうした根性論の美化に暗黒面があることを解き明かしたい。「やめること」に反対する運動には波乱に満ちた過去があり、複雑で、どこか不吉さすら感じさせる歴史がある。やめることがこれほどまでに忌み嫌われるのには理由がある。そして、その理由は突き止められる。

忍耐や我慢が幸福や満足の源であるともてはやされるようになったのは偶然ではない。この崇拝は文化や経済が複雑に絡み合った場所から生まれたものであり、その源流に遡《さかのぼ》ることができる。グリットがこれほど肯定的に受け止められている状況は、意図的に培われてきたものだ。グリットは、車やコーンフレークやスマートフォンと同じように売られているのだ。

これは残念なことだ。なぜなら、私たちの人生は、やめることでポジティブに変化させられるからだ。

やめれば運命は変わる。何かを変えるべきだと判断したら、まず「やめること」を検討すべきだ（これは人類全体の行動にも当てはまる。たとえば地球の未来のために、人類は化石燃料依存をやめ、創造的かつ革新的なエネルギー戦略を採用しなければならない）。人は立ち止まって人生を見つめ直すまで、望ましくない場所から抜け出せないものだ。

このような状況に陥っている人は、あなたの身の回りにもいるのでは？

あなた自身がそうかもしれない。
状況を打開するために、「仕事をやめた」という人もいるだろう。米国では過去数年間、パンデミックによって人生の優先順位の見直しが迫られたことで、前例がないほど多くの人が自主的に退職を選択した。２０２１年の8月までに、３０００万人の米国人が仕事をやめた。[7] これは米国労働省が20年前に記録をとり始めて以来、最高の数字だ。２０２０年以降、社員証とカードキーを返却し、「これでもう嫌な会社とはオサラバ！」と笑顔で言い放つ退職者のニュースを目にしなかった週はほとんどない。

しかし、それがニュースになるのは、珍しいからに他ならない。パンデミックによって、「やめること」に注目が集まり、「大退職時代」〔新型コロナウイルスの大流行によって生き方を見直したことを契機にして、大勢の人が自主的に仕事をやめた現象。大恐慌「グレート・デプレッション」になぞらえて、大退職「グレート・レジグネーション」と名付けられた〕という言葉も一時期もてはやされた。

だが、現実としてはどうだろう？「やめること」に対する一般的な考え方はこれまでと変わっていない。避けるべきものと見なされている。テレビの前でスナック菓子を食べながら寝落ちするような怠惰な生活をしているダメ人間がやりがちなことだと思われているのだ。やめることには汚名と悪臭がつきまとう。教会やヨガ教室、支持政党、野菜中心の食事、結婚――何をやめても批判される。友人や、(特に)母親からは、即座に反応が返ってくる。「なに考えてるの！　途中でやめるのはよくないわよ。真面目にやろうとしなかったんでしょ？」

「仕事（や恋愛）をやめるのは、次を決めてからにすべき」という古い言い習わしもある。私たちは現在でも、ポッドキャストや母親から、「やめるのは性格が悪い証拠」「積極性や計画性がない証拠」などと、うるさいくらいに聞かされる。途中でやめたりしたら成功できないし、何も成果が得られないよ、と（本書のために私がインタビューした人たちは、退職や離婚などの様々な方法で人生を変えたことを喜んで話してくれたが、「クイット」という言葉には抵抗を示した。「やめたんじゃない。私は、ある状況から別の状況に移っただけよ。わかるかな？」）。

一方、グリットは依然として輝かしい影響力を放ち、ポッドキャストや、聴衆の意欲を高めることを目的とした講演、無数のユーチューブ動画、何百万回も再生されるＴＥＤトークのなかで絶賛されている。根気強さや忍耐力を称える言葉はスポーツグッズに印刷され、そうした自己啓発は、年間推定１１０億ドルの収益を上げるビッグビジネスになり、「根性や粘り強さは善、やめることは（最低の）悪」と断言する本がベストセラーになっている。

どれも、未来はあなたがどれだけ根性を示せるかにかかっていると主張する。「厳しい目標に向かって懸命に働き、何より、やめなければ、人生の勝者になれる。だが、あきらめたらそこで終わりだ。やめることは、人生に失敗することだ」――と。

やめることは、極端な行動だと思われている。それは最後の手段であり、二度と引き返せないポイントだ、とも。何度も繰り返せば、失敗者、はみ出し者、怠け者、意気地なしの弱虫というレッテルを貼られる――たとえ、やめることがその人にとってどうしても必要なことであったとしても。やめることの利点と悪評のあいだには、相容れない断絶がある。やめることが、個人としても集団としても、人々の心のなかで大きなスペースを占め、私たち自身や世界の見方に影響を与えているのも当然だと言える。やめることは正しいように思えるけれど、間違っているようにも見える。有名人でさえ、そのつらさに苦しんでいる。

「やめたこと」に苛まれる有名人たち

スコッティ・ピッペンは押しも押されもせぬバスケットボールのスーパースターだ。だがこの元ＮＢＡスターは、主にシカゴ・ブルズで過ごした17年間で華々しいキャリアを築き数々の偉業を成し遂げてきたにもかかわらず、たった一度、試合中にプレーを拒否《クイット》したことで、「クイッティン・ピッペン」という不名誉なあだ名をつけられてしまった。２０２１年に出版された自伝『無防備（Unguarded）』（未訳）のプロモーションでも、何人ものインタビュアーから約30年前のこの出来事についてしつこく質問されている。この事実は、「やめること」に対する人々の不快感には賞味期限がないことを証明している。

それは１９９４年のＮＢＡのプレーオフ準決勝、第3戦で起きた。相手はニューヨーク・ニックス。同点のまま残り時間１・８秒を迎えたところで、タイムアウトになりゲームは中断。ここでブルズのコーチ、フィル・ジャクソンは、トニー・クーコッチに最後のシュートを打たせるよう指示した。この扱いに腹を立てたピッペンはプレーを拒み、ベンチから動かなかった（クーコッチがシュートを決めてチームが勝利したが、おそらくそれはピッペンの気分をよくはしなかった）。以後ピッペンは、超一流のアスリートとしてではなく、意気地なし《クイッター》として知られるようになった。

世間は現役を退く有名アスリートに同情は示しても批判する権利はあると感じているようだ。世界トップのテニス選手だったオーストラリア出身のアシュリー・バーティは２０２２年3月、25歳のときに突然競技をやめると宣言した。コラムニストのエマ・ケンプは、バーティ選手の勇気ある行動を賞賛しつつ、「彼女の身内を除いて、誰ひとりとしてこんなことが起こるとは予想していなかった」と指摘している。[8] バーティがインスタグラムで発表した内容は、批判という名のショットがネットを横切る前に、すべてブロックしようとするかのような予防線が張られていた。

「私は完全に疲れ切ってる。肉体的にもう限界なの」

その数カ月前、コロナ禍の世界のあちこちで「私はやめた（I quit）」という声が聞かれるなか、米国の女子体操選手のシモーネ・バイルズも、精神面での懸念を理由に２０２１年の東京オリンピックでいくつかの種目への出場を取りやめた。ツイッターなどでは彼女を支持する声が聞かれたが、こうした励ましのコメントがあったのは、英国の辛口のテレビ司会者ピアーズ・モーガンらをはじめ多くの人たちが、「バイルズは利己的な非国民だ。国やチームを失望させ、優れた才能を無駄にした」と批判したからでもあった。

次の第1章では、バイルズの勇気ある行動について詳しく見ていく。ここでは、「やめる」決断がいかに人のパブリックイメージを大きく変えてしまうかという問題に焦点を当てたい。この先、バイルズとバーティは何があろうとも、インタビューで「なぜ、偉大な選手になれたのか？」ではなく「なぜ、あのときやめたのか？」と質問され続けるだろう。

アメリカン・フットボールの選手、アンドリュー・ラックのケースも同様だ。彼は2019年に突然NFLのトップクォーターバックとしてのキャリアを捨てたことで、ファンを当惑させ、スポーツがテーマのラジオのトーク番組という辛辣な世界で好ましくないコメントを誘発させた。ラック以前にも、野球選手のサンディー・コーファックスやアメフトのバリー・サンダース、テニスのビョルン・ボルグなどの往年のレジェンド的アスリートが、まだ十分に現役を続けられると思われた時期に突然の引退を表明したケースがあった（プロスポーツ選手の場合、当時のラックのように29歳の若さでも「引退」と呼ばれる）。大きな名声と実績のある状態で現役を退くのは大きな決断だ。それまでとはまったく違う生活を始めることにもなる。

コーファックスの伝記を著したジェーン・リービーは、この左腕の名投手がメジャーリーグから去るという決断をしたことについて、「やめるためには、現役時代と同じくらい充実し、有意義な人生があることを想像し、そこに向かって自分を解放しなければならなかった」[9]と書いている。

女優のグレタ・ガルボは、近年ではその演技力だけでなく、全盛期にハリウッドを「やめた」

ことでもよく知られる。作曲家のジャン・シベリウスも、他界する30年前の62歳で本格的な作曲活動をやめている。作家のダシール・ハメットが『マルタの鷹』などの傑作犯罪小説を書いた後に沈黙したことは、作品内でつくり上げられたどんな謎よりも大きな謎とされている。

ヘンリー王子とメーガン・マークルが英国王室の一員であることを放棄してバッキンガム宮殿に別れを告げたとき、たちまち国民から激しい憤りの声があがった。

「彼らは王室を抜けられないはずだ。当然だろう?」

でも、抜けることは可能だった。そして、彼らは王室の人間であることをやめた。世界は呆《ぼう》然《ぜん》としながらその様子を目撃した。

世界がヘンリー王子夫妻に注目したのは、何かをやめることに興味をそそられ、魅了され、もしかしたら少しばかり取り憑かれ、同時にそれを警戒していたからである。やめることは禁断の果実なのだ。何かをやめれば、価値観や、生き方が問われることになる。自分自身や大切な人のために何をしたいのか、そのために何ができるのかを見つめ直すことにもなる。

たとえば、最善の子育て方法を巡っては様々な意見が交わされているが、子どもに忍耐力を教えることの重要性に疑問を持つ人はほとんどいない。女優のリンゼイ・クローズが2021年に「ニューヨーク・タイムズ」紙のエッセイに書いたように、「米国人は、やめることを悪者にし、〝グリット〟――この10年のあいだに様々な書籍が親から子どもへと植え付けるように促してきた疑わしい特性――を高く評価する[10]」のである。やめることを拒めば英雄のように持ち上げられる。作家のチャーリー・タイソンもこう指摘している。

「勤勉さほど、広く愛されている米国の価値観もないだろう。調査機関ピュー・リサーチセンターによる最近の調査によれば、米国人の8割が自らを『勤勉である』と見なしている。これは他のどの特性よりも割合が高い。仕事を巡る状況は悪化しているのに、人々の仕事に対する理想は高いままなのだ[11]」

やめることは、成功を得るための道のりにそぐわないと考えられている。それは例外的に起こる異常事態のようなものと見なされているのだ。心を削られるような最低の仕事を続けるほうが、より良い環境を求めて仕事をやめるよりもマシと考える人は多い。やめればたちまち物事を途中で投げ出した人間というレッテルを貼られてしまうからだ。

人生相談に寄せられる悩みの一番の原因は？

私たち一般人は、オリンピックの体操選手とは違い、何百万人ものテレビ視聴者の前で「二回後方宙返り三回ひねり」のような大技を披露することはない（想像しただけで腰を痛めそうだ）。NFLやNBAのチームを優勝に導くことを期待されたり、交響曲を作曲したり、ウィンブルドンで優勝したり、プロのバッターを次々と三振に打ち取ったり、英国王室の代表となったりすることもまずないだろう。

でも、「やめるべきか、続けるべきか」という問いで頭を悩ませる点では誰もが同じだ。「ワシントン・ポスト」紙などの人生相談「アスク・エイミー」の担当コラムニストであるエイミー・ディキンソンによれば、相談者の悩みの原因は圧倒的に「やめること」に関するものが多いそうだ。彼女は言う。

「結婚や友人関係、習慣、仕事など、寄せられる質問の大半が〝やめるべきかどうか〟という問題に関わってるわ。もちろんその裏には、人生のレールから外れる、見捨てられる、無視されるといった、やめることに伴う痛みがある」[12]

私たちがこのジレンマ、この永遠のパズルの答えを求めて、人生相談のコラムニストや父親など、誰かに助けを求めようとするのも不思議ではない。なぜならやめることは、現実的な選択肢であるとはなかなか思いにくいのだ。それでも、うまくいかないとき、私たちは本能的に今していることを変えるべきだと感じる。

心の奥底では、魂が「生き延びるために必要なことをしろ」と叫んでいる。

そこには、あきらめて別の方法に挑戦するという選択肢もある。でも同時に、私たちは外の世界から強力な反対のメッセージを浴びている。そして周りの目を気にして、「あきらめろ」と言う心の声に疑問を抱いてしまう。

「今すぐここから抜け出すべき」という心の叫びと、おしゃべりな親友や善意から助言してくる両親や自己啓発書の著者が発している「やめたら、みんなの期待を裏切ることになる。何より、自分自身を」というシグナルは、大きく食い違っている。

私たちは、「やめること」について考えすぎている。

突き詰めれば「やめるか、続けるか」という単純な二者択一であるはずの問題に対して、複雑な理由を探してしまう。しかし同時に、「やめること」を十分に深く考えてもいない。なぜなら、やめるということは、単なる行為である以上に、１つの考え、アイデアでもあるからだ――それは、世界とそれを形づくるもの、自分自身や他人に対する責任についてのアイデアであり、どうすれば幸せになれるかについてのアイデアなのだ。

本書の内容

はっきりさせておこう。

やめることが、常に正しいとは限らない。

たとえば、パンデミックによって歴史的な数の離職者が発生し、大学でも中退者が過去最多に達した。２０１９年秋に米国の四年制大学に入学した学生全体のうち、実に4分の１以上が中退したことになる。[13] 中退率は前年より2ポイント増えて２０１２年以来の最高値となった。同じく、２０２０年のコミュニティカレッジの中退率も３・５％と高かった。このように教育機関をやめる若者が多い状況は、肯定的にはとらえられない。

忍耐も、それ自体は悪いことではない。

人生の試練や苦難を乗り越えるには、粘り強さが必要だ。しかし、「どんな問題でも忍耐力《グリット》があれば解決できる」と考えたり、忍耐力を発揮できない人を見下したりすると、自力ではどうにもならない問題で自分や他人を責めてしまうといった、悪しき結果を招きやすくなる。「やめること」は、一般的に考えられているような単純なオン・オフのスイッチではない。それは知的にも感情的にも高度で複雑な判断なのであり、だからこそ科学者たちは以前にも増して、人間の脳がどのようにそれを成し遂げるのかに強く興味を示しているのだ。

最近、世界中の神経科学研究所で次々と画期的な発見がなされている。そのおかげで、ある行動が有益でないと判断した場合に生き物がそれをあきらめる方法についての理解がかつてないほど深まった。こうした発見は、薬物やアルコール、過食などの依存症や、強迫性障害、うつ病などによる苦痛を和らげるといった、異論の余地のない「やめること」に役立てられることが期待されている。

本書では、ゼブラフィッシュ（ヒメハヤ）やミツバチ、ラット、フィンチ、カラス、ニワシドリなどの生き物がどのようにして「やめる行為」をしているのかを調べるための独創的な研究に注目する。加えて、人間に近い生き物についての研究にも目を向ける。有望だと思われていた新製品やビジネスが失敗したときに撤退しないことで生じる高い代償についても考察する（その好例として、セラノスやWeWorkなどを取り上げる）。私たちが何かをやめるとき、親やパートナー、友人、上司、恩師など、愛する人たちを傷つけ、失望させる可能性があるという事実にどう対処するかについても考える。

さらに、『もうこの仕事はうんざり（Take This Job and Shove It）』のようなカントリーバラードから、『白鯨』のような文学作品、『ザ・エージェント』のような象徴的な映画、『ハックス（Hacks）』などのテレビシリーズに至るまで、「やめること」がいかに大衆文化のなかでテーマとして頻繁に登場するかについても掘り下げる。なぜ「やめること」が描かれたシーンがこれらの名作のストーリーを盛り上げるうえで役立っているのかや、これらのシーンに対する反応を活用して自分自身への理解を深める方法についても考えてみよう。

このほか、人生では運と確率が大きな役割を果たしていることにも目を向ける。私たちはその事実をあまり認めたがらない。なぜなら、自分で人生をコントロールしていると考えたいからだ。しかし、運悪く脱線する電車や墜落する飛行機に乗り合わせる人もいれば、健康的な生活をしていても重い病気にかかる人もいる。

逆に、適当に選んだ宝くじが当たったり、免許更新の列でたまたま隣り合わせた人と運命の出会いを果たしたりする人もいる。つまり、私たちには良い手が配られることもあれば、悪い手が配られることもある。たいていの場合、成功するか失敗するかは忍耐力の問題ではなく、サイコロの目、つまりは純粋な偶然によるものなのだ。

では、なぜナポレオン・ヒルの『思考は現実化する』やノーマン・ヴィンセント・ピールの

『積極的考え方の力《ポジティブ・シンキング》』など、長年ベストセラーとなってきた自己啓発書は、「運命は完全に自分次第である」と主張しているのだろうか？

なぜ、このようなメッセージは魅力的であり、そして危険なのか？

本書では、こうした紋切り型のメッセージの裏側にある真実を突き止める。

やめることを創造的な行為とし、今後の人生への出発点とした人たちの実例も紹介していく。文中には、「やめる——その瞬間」という、やめざるを得なかったときにやめた人たちが語る体験談をコラム形式で挿入してある。「やめた話」を聞かせてくれた人のエピソードもあれば、心から望むものを手に入れるために何かをあきらめた有名人の言葉を引用したケースもある。これらの短い証言は、誰かしら、あなたが直面したことがあるのとよく似たジレンマを抱えていたかもしれない人が、立ち止まるべきとき、ひと息つく時間、人生を見つめ直す時期、やめるべきタイミングに気づいた瞬間の記録だ。

これらの啓示的なストーリーを読むことで、あなたは自分自身のこれまでの人生の分岐点となる瞬間や、転機となるポイントを振り返ることができるかもしれない。それによって、このようなタイミングが再び訪れたときに適切に決断するための準備ができる。その決断とは、何かをやめることなのかもしれないし、そうでないかもしれない。だがいずれにしても、それはあなた自身が自らの人生の状況に基づいて下す決断になる。どこか遠く離れた抽象的で画一的な「忍耐が一番」という理想に基づくものではない。

各章の終わりには、「QUITTING許可証」と題した、あなたが次のステップに進むためのアドバイスがある。これらの提案は、「やめる」という戦略をうまく取り入れる際に役立つものになるだろう。あなたはこれからの人生で、遅かれ早かれ「やめるべきかどうか」という疑問に直面することになる。

この疑問に直面したことがない人はいない。誰もが「やめたことリスト」を持っている。それはこれまでの人生で手放さなければならなかった、仕事や人間関係、趣味、考え、生き方などだ。私の場合、それはモーガンタウンでのあの耐え難い瞬間から始まった。でも、それが終わりではなかった。数年後、ケンタッキー州アシュランドで初めて新聞社で働いたときにも、同じようなことが起こった。業績評価は「Aプラス」だったにもかかわらず、私の給料が前任者スタンの4分の1しかないことがわかったのだ。説明を求めると、編集長は驚いて言った。

「スタンは家族持ちだ。ジュリア、君は21歳で、独身で、女性だろう？」

それで終わりだった。

編集長は聞く耳を持たなかった。だから、私はやめた。やめるのは2回目だったから、前回よりは少しだけ楽だった。でも、また夜に泣きぬれてタオルがびしょ濡れになった（「これからどうしたらいいの？　バカなことをした！　いや、そんなことはない。いや、やっぱりバカだ！」）。私はなんとかこの困難を乗り越えた。

あの仕事をやめるのは、人生を台無しにしかねない決断だった。大事なことなので繰り返すが、人生の戦略として「やめること」を選んでも、それがうまくいくとは限らない。やめるということは、選択を間違うかもしれない恐れに直面しながら、自分で人生の主導権を握ることだ。そして突き詰めれば、間違った選択などはない。

唯一の絶対的な間違いは、何も選択しないこと。何も選択しなければ、誰かに人生を決められることになるだけだ。

科学者や学者、歴史家、そして多数の一般の人への「やめること」についてのインタビューを通じて、はっきりと浮かび上がったことがある。人が後悔するのは、何かをやめたことではなく、「やめるべきときにやめなかったこと」なのだ。

「やめること」は愛の行為

では、本書が読者に届けられるものは何か？　ＩＫＥＡで売っている組み立て式のアイテムみたいな、ＤＩＹの「やめること」キットのようなものと考えてほしい。この場合、リビングルームだけでなく、人生全体を豊かにするための大切な道具を組み合わせてつくることになる。本書を読めば、「やめること」についての新しい考え方が手に入る。それは家族や仕事、心身の健康など、重要なことについて決断するための新たな判断基準になるだろう。根性や忍耐力を、新たな視点でとらえられるようにもなる。

少なくとも本書が、根性（あるいはそれが欠けていること）が人生を評価する唯一の物差しではないことをあなたが考えるきっかけになれば幸いだ。「頑張りすぎなくてもいい、ひとりで背負い込まなくてもいいんだ」という、楽な気持ちになるためのヒントになればうれしい。

困難は、必ずしも乗り越えなくていい。

始めたことは、必ず終わらせなければならないわけではない。

やめたいときにやめられれば、人生の可能性が広がる。

やめることは、人生の豊かさを信じること。なぜなら、やめることは希望だから。

それは明日について考えることでもある。やめるということは、そうせざるを得ないときに、何度でも、変われるということなのだ。

楽しく生産的な人生の秘密は、よく言われるような根性や決意といった資質ではなく、軽快さにあるはずだ。それは柔軟さにあるはずだ。重たい荷物を下ろして身軽になり、未来に大胆に羽ばたくための「あきらめる」という行為にあるはずだ。胸を躍らせながら、新しい生き方を受け入れることにあるはずだ。

大事なのは、やめどきを知ること。

なぜなら、やめることは、愛の行為なのだから。

第1部

やめられない――
それは、ただの思い込み

忍耐には、
これ以上耐えられなくなる
地点がある。

――ベンジャミン・ウッド（英国の作家）

第1章

鳥、ミツバチ、五輪選手が教えてくれる「あきらめ」の正体

見当違いの根性は、人間が持ち得る最悪の資質である。

——ジョン・A・リスト（経済学者）

シモーネ・バイルズとミツバチはどれくらい似ているか？　これはなぞなぞでも、ひっかけ問題でもない。真面目な質問だ。答えは脳科学の新たな領域で見つかっていて、それは人間の脳がどのように「やめどき」を判断しているのかという秘密を解き明かすカギになると期待されている。

前述したが、バイルズは世界最高峰の体操選手として多くの偉業を成し遂げてきた。しか

し、2021年の東京オリンピックでの行動は、彼女のキャリアのなかでもとりわけ世界を驚かせた。バイルズは、数種目の競技への出場を棄権したのだ。

では、史上屈指の体操選手と飛翔する昆虫に、どのような関係があるのか？

これから、その答えを探っていこう。

「忍耐は、生物学的な観点では、うまくいっていない限り意味がない」

シカゴ大学名誉教授で、現代を代表する進化生物学者のひとりであるジェリー・コインは言う。私はコインに電話をかけ、動物にとって「やめる」とはどういう行為なのか尋ねた。なぜ、人間だけが「根性論」を金科玉条のように信奉し、地球上の多種多様な無数の生き物は別の戦略をとっているのか。その理由を知りたかったからだ。動物たちは、単純な宙返り、方向転換、逆戻りはもちろん、意図的に立ち止まり、とっさに脇道にそれ、巧みに後退し、瞬時に計算し、狡猾に回避し、慎重にやり直す。

つまり人間以外の動物は、頻繁にやめている。

しかも、それに執着しているように見えない。

ある日曜日の朝、私は、大学のキャンパスの中心にある「ボタニー池」でアヒルに餌をやるという、1日に2回の儀式に向かおうとしていた同僚のコインに会った。彼のオフィスから見渡せるこの池には、毎年春になると約20羽のカモが孵《ふ》化《か》するという。コインは名目上、

2015年に大学を退職しているが、今でも毎日大学のオフィスに通って仕事をしている。2020年に新型コロナウイルスの感染拡大によって大学が閉鎖されたときも、彼はアヒルに餌をやるという理由で校内を訪れることを特別に許可された。コインがこの習慣を続けているのは、楽しいからだ――それはアヒルも同じだ。

「自然界では、我慢することに特別な地位はない」とコインは言う。

動物の行動には、「自分の遺伝子を残すために生き延びる」という明確な目的がある。

もちろん、私たち人間も動物だ。人類は高級車のアウディから代数、ホット・ファッジ・サンデー、俳句、吊り橋、テレビドラマの『ブリジャートン家』まで、数々の驚異的な創造物を生み出してきたが、本能的には常に同じ基本的かつ現実的な目標に向かっている――自分の子孫を残すために生き延びることだ。

そしてそのための最善策が、生き延びるために役立たないものはすべてあきらめるということなのは自明の理である。効果のないものには、できるだけ労力を使わないようにするのだ。「人間の行動は、好ましい結果を得るように形づくられてきた」とコインは言う。人間は、うまくいくことを続けようとする。何よりも結果を求めようとする。

しかし、最も有望だと思われる道を進もうとすること――それは、有望ではない道をあきらめることでもある――と、あきらめるという単純な行為のあいだに、邪魔が入ることが多い。それが、私の興味をそそる謎だ。

やめることは正しいことなのに、なぜ私たちはいつもさっさとやめないのだろう？

自然界は無駄を嫌う

1835年に、若き日のチャールズ・ダーウィンが想像力をかきたてられ、自然淘汰説という大発見をしたガラパゴス諸島に生息する鳥、フィンチについて考えてみよう。フィンチは主に小さな種子を食べる。その1つにハマビシと呼ばれる棘《とげ》のある植物の種子がある。フィンチはくちばしでこの植物の鞘《さや》をつついて種子を取り出すが、これは簡単ではない。

科学ジャーナリストのジョナサン・ワイナーがピュリツァー賞受賞作『フィンチの嘴《くちばし》』（早川書房）で説明しているように、忍耐強いフィンチは生存の可能性が低くなる。種子を取り出そうと硬い鞘を長いあいだつつき続けるのは、鳥にとって得策ではない。「鳥の命は、いかに効率よく食料を調達できるか、いかに少ない労力で多くの見返りを得られるかにかかっている」とワイナーは書いている。[1] あきらめて別の鞘に移るべきタイミングを心得ているフィンチは、生き延びやすくなる。いつまでもつつき続けていると、得られる栄養よりも多くのエネルギーを浪費し、体力を奪われてしまうからだ。

なかには、ひと粒の種を取り出すのに6分も費やすフィンチもいる。「これは鳥にとって相当に長い時間だ。それに結局は、しばらくするとあきらめてしまうケースが多い[2]」

フィンチは全体として、「うまくいかなければ、やめればいい」と理解している。自然界では、食べ物を得るのが難しいとき、それはお腹を満たせる可能性の高い別の場所に移動すべしという暗示なのだ。動物の最大の目的は生き延びることである。生存競争という賭けでは、見返りがすぐに得られそうにないものは捨てるのが一番だ。なまじ忍耐力のあるフィンチは、生き延びるのが難しくなる。

自然界には無駄がない。そこはメダルもなければ栄誉もない、実質主義の世界だ。動物の行動には命がかかっている。余計なことは許されない。やめることは、生き延びるための重要な技術になる。動物たちは、人間とは違い「やめること」を道徳的な失敗と見なさない。やめたいという衝動に抵抗することは、勇敢でも高貴でもない。それは、単に無意味なことなのだ。

人間と違い、他の生き物は忍耐の利点という抽象的な考えに縛られたりしない。ある行動がうまくいかないとき（自らが生き延びるうえで危険だと判明したとき）、彼らはそれをやめる。

生物学者のマーリン・シェルドレイクは、名著『菌類が世界を救う』（河出書房新社）のなかで、粘菌の持つ驚異的な能力を紹介している。粘菌には中枢神経系がないが、「触手のような血管でできた探索ネットワーク[3]」を用いて意思決定ができる。粘菌はいったん立ち止まり、次に別の方向へ進むことで意思決定をする。シャーレで粘菌を観察した日本の研究チームによれば、粘菌は「可能な行動範囲を比較し、迷路内の2点間の最短距離を見つけられる」という。

粘菌は明るい光を嫌う。そのため研究者が光を当てるとすぐに進路を変える。つまり、ある進路が正しくなければ、粘菌はその方向に進むのをあきらめ、別の道を選ぶ。間違った方向に根性だけでひたすら進もうとするのは、粘菌にとっても意味がないことなのだ。

コインはその著書『進化のなぜを解明する』（日経BP）の冒頭で、「植物や動物は、生き延びるために複雑かつほぼ完璧に設計されているように見える。イカやヒラメは捕食者の目を逃れるために瞬時に色や模様を変えて周囲に溶け込める。コウモリは夜間に虫を捕らえるためのレーダーを備えている。ハチドリはその場でホバリングし、人間がつくったどんなヘリコプターよりも機敏に一瞬で体勢を変えられる」と書いている。[4]

そして動物たちは、必要に応じてやめることができる。

鳥たちは「あきらめ上手」

鳥の認知能力を調べるために考案された実験には様々なものがあるが、サイエンスライターのジェニファー・アッカーマンが鳥の驚くべき生態を記した著書『鳥！　驚異の知能』（講談社）では、カナダのマギル大学の生物学者ルイ・ルフェーヴルによる実験が紹介されている。[5]

西インド諸島のバルバドスにある研究施設で行われたこの実験では、まず緑色と黄色の2つのカップに鳥の餌となる種を入れ、2種類の鳥（ブルーフィンチとクロムクドリモドキ）がどの色のカップに引き寄せられるかを調べた。次に、鳥が好んだ色のカップの種を底に接着させたものに変え（鳥はどんなに頑張ってつついても種をはがせない）、観察を再開した。

ルフェーブルらは、鳥が自分の好きな色のカップに入っている接着された種をあきらめ、好みの色ではないもう一方のカップに入っている接着されていない種を食べようとするまでにどれくらい時間がかかるかを観察した。鳥たちはすぐに状況を理解し、無駄な作業をやめて見返りのある作業へと移行した。好きな色のカップの種を食べるのはいいことだが、食べられるか食べられないかという切実な問題に比べれば大したことではないというわけだ。

この実験の目的は、鳥の「柔軟な思考」を測定することにあるとアッカーマンは書いている。けれども私には、結果的にこの実験は「やめることの効用」も示していると思える。

やめることとは基本的に、ある行動をやめて、別の行動を起こすことである。つまり「やめる」という行為がなければ、鳥はある食べ物から別の食べ物へとターゲットを変えられない。「やめること」は、そのために必要な一連の認知ステップを構成する、重要なパーツだからだ。好きな色のカップの中に入っているが、いつのまにか底に接着されてしまった種を食べるのをあきらめなければ、お腹は満たせない。鳥には根性など関係ない。一番の目的は生き延びることであり、「結果は得られなかったけど頑張ったからそれでいい」という考えは通用しない。この実験の場合、鳥が食べ物を得るための唯一の効果的な戦略は、結果が出ない行動をやめて次に進むことである。

もちろん、動物の世界と人間の世界を同列に扱うことには注意が必要だ。そもそも動物の思考や感情は、人間にとって未知の部分が多い。だから動物について観察できたことを、単純には人間に当てはめられない。菌類を愛する前述の生物学者シェルドレイクも、「科学の一般的な見解では、人間以外の生物の行為に人間と同じような意図があると想像するのは間違いである」と書いている。[6] それでも、他の生き物が自分にとって有利だと判断したときにそれまでの行動をやめるのを観察していると、人間の行動との関連性を見出さずにはいられない。

やめる――その瞬間

私は自分が会社をやめるときをこんなふうに想像していた。

まず「あと1つ仕事をこなすくらいなら、地球の核にのみ込まれたほうがまし」という、おなじみの感情が湧き上がってくるのを待つ。その後は、もう目の前の仕事にいっさい手をつけない。メールにも返信しない。編集者に、「実はね。今日が最後の出勤日なの」と伝える。そして、会社のスラック（Slack）から永遠にサインアウトする。[7]

――ケイティ・ヒーニー（ジャーナリスト）

前述のアッカーマンは、科学者のアレックス・テイラーがニュージーランドの研究施設で行ったカラスの思考を調べるための実験も紹介している。実験では、カラスが自由に遊べるエリアに棒を設置する。カラスがそれをくわえて引っ張ると、棒につながっている糸が引っ張られ、糸の先についている肉の塊《かたまり》がカラスに近づいてくる仕掛けになっている。

つまりカラスは、棒をうまく口にくわえて引っ張ると肉をもらえる。カラスは、肉が自分のほうに向かってくるのが見えているときは、躊躇《ちゅうちょ》せずに棒をくわえて引っ張ろうと努力をする。だが衝立《ついたて》で視界を遮《さえぎ》られて肉が見えないときは、努力をやめてしまう。ご褒美が得られるとわかっているからこそ、カラスは忍耐強く棒を引っ張ろうとするのだ。

「肉が次第に近づいてくるという、棒を引っ張ることを促す視覚的な合図がないとき、肉を得るために十分な回数だけ自発的に棒を引っ張ったのは11羽中1羽しかいなかった」とアッカーマンは書いている。[8] カラスには自分の行動の結果を察知する並外れた能力がある。ある行動を続けても得るものがないと判断すれば、それをやめる。他の生き物と同様、カラスが求めているのは栄養だ。不確実なことにエネルギーを浪費できない。費やす労力と時間と、食べ物が手に入る可能性を天秤にかける。「お腹が空いた。この棒についている糸を引っ張れば食べ物が得られる？　その食べ物はどこにある？　見えない？　ならもうおしまいだ」

この実験が、カラスではなく人間で行われたとしたらどうだろうか？　根性論に影響されている私たちは、報われる保証がないにもかかわらず努力を続ける11番目の人を思わず応援したくなるのではないだろうか。
「頑張れ！　その調子！」「あきらめるな！」。そして他の10人を、「根性なし《クイッター》」扱いする。しかし現実には、成功しないかもしれないことのために努力を続ければ、貴重な労力や時間が無駄になりかねない。もちろん、鳥は人間よりはるかに厳しい環境で生きている。でも、「忍耐が常に最善策とは限らない」という教訓が鳥にも人間にも当てはまるのは確かだ。

同じような費用対効果の考え方は、ニワシドリのオスにも見られる。ニワシドリはつがいになるとき、メスがオスを選ぶことで知られている。つがいになっても、オスはメスに生活上の協力は何もしない。[9] そのため、メスは見た目が派手で魅力的だという基準のみでオスを選ぶ。オスは派手なダンスや激しい羽ばたき、大きな鳴き声、活発な跳躍によって、交尾の相手を惹きつけようとする。一番の目玉は、入念な建築プロジェクトだ。オスはメスの気を引くために、小石や棒、光り物などを拾い集めて小さな巣をつくる。

オスはこのとき、青い物を好んで集める。理由は詳しくわかっていないが、とにかく「青いもの」を集めて巣を飾り立てるのである。逆に、赤い物を嫌う。巣の中に赤い物があるのを見つけると、すぐにそれを捨てようとする。研究者はこの習性を利用して、ニワシドリの問題解決能力を調べるための実験を行った。巣の中に赤いタイルを置き、オスがそれをくわえて外に捨てられないようにするために、ネジで地面に固定したのだ。

巣の中に赤いタイルがあるのに気づいたオスは、それをつつき、引っ張って外に出そうとした。しかし、ネジで固定されたタイルはピクリとも動かない。ある時点で、状況を理解するオスも出てくる。「賢いオスは、この状況に対処するための新しい戦略をすぐに見つけた。落ち葉や他の収集物をかぶせて赤いタイルを見えなくするのだ」とアッカーマンは書いている[10]。

ところで、このアインシュタインばりに賢いオスたちは、プランBを実行する前に、1つの重要なステップを完了しなければならない。それは、プランAを捨てること。言い換えれば、オスは「やめなければならない」のだ。そうしなければ伴侶も得られず、自分の遺伝子も残せない。

自然界は徹底して効率的にできている。コインも「植物や動物について学べば学ぶほど、彼らがいかに生活環境に合うようにつくられているかに驚かされる」と書いている[11]。植物や動物は、努力に見合うだけの栄養を得なければならない。そうしなければ死んでしまう。その確率は、冷徹なまでに高い。だからこそ、あらゆる行動や決断は、生存という目標に沿ったものでなければならない。

そのことを踏まえたうえで、バイルズとミツバチの話に戻ろう。

「己を知る者」だからこその決断

バイルズが競技を棄権したのは、2021年東京オリンピックの決勝が初めてではない。2013年の米国での大会や、他の2回以上の大会で、他の選手と同じように棄権している。

スポーツ記者は、バイルズが華々しい成功を収めている理由を説明しようとしてきた。それは、彼女の優れたバランス感覚によるものなのだろうか？　並外れた集中力や冷静さ、驚異的な柔軟性、圧倒的な体幹の力、儀式のように徹底したトレーニングの賜物なのだろうか？　それとも本人が2021年にニューヨークでコメントしたように、「神から与えられた才能」なのだろうか？　一番のカギを握るのはいずれでもないだろう。

たしかに、ここに挙げたような属性はどれも重要だ。でも、彼女の成功にとって最も重要なのは、我慢して続けることとの代償が大きすぎるときに、戦略的に「やめること」ができる能力ではないだろうか。これは、「スポーツの一流選手は、困難を克服する『レジリエンス』が高く、目標に向かって絶え間なく努力する」といった世間的な考えとは正反対だ。しかし、レジリエンスとは、壁を乗り越えたり、拳を握って痛みに耐えたり、全力を尽くしてやり抜くことだけではない。

逆説的ではあるが、レジリエンスには、必要であれば「やめる」ことを厭わない態度も含まれているはずだ。バイルズは東京オリンピックで、「危険を冒してまで出場する価値があるか？」と考え、重大な判断を下した。「あのときは、出場できるような身体の状態ではなかった」とのちに彼女はニューヨークでライターのカモンネ・フェリックスに語っている。[12] 5日前に日本に到着したとき、いつものようなみなぎる自信を感じなかったという。予選が進むにつれて、その疑念はますます強まっていった。

体操競技では、一瞬のタイミングの狂いが大怪我につながりかねない。彼女は、空中で自分の身体の位置をうまく把握できなくなる「ツイスティ」と呼ばれる状態に陥っていた。バイルズによれば、この状態で競技をするのは恐ろしいだけでなく、「生か死か」の命がけの行為になるという。

バイルズのようなエリート選手にとって、自らの身体の状態を深く理解することは極めて重要だ。自分の長所と短所を、秒単位で正確に把握しなければならない。だからこそ、自分の身体と向き合ったアスリートとして、何を選択すべきかは明確だった。体操はバイルズに大きな満足感や高揚感をもたらしてくれる。オリンピックという大舞台で活躍することで得られるものも計り知れない。それでも、死や大怪我のリスクを冒してまで出場する価値はなかった。

真に勇敢な選択、レジリエンスのある選択は、無理をして出場することではなかった。それは、やめるという選択だった。

ミツバチと違って、バイルズは空を飛べない（彼女の競技を見れば、空を飛ぶことに限りなく近い驚異的な身体能力があることがわかるが）。でも彼女には、その目覚ましい躍進の原動力となった、ミツバチと共通する重要な特徴がある。

それは、「やめどき」を見極める力だ。

蜂のひと刺し

高名な昆虫学者であり、「刺す昆虫」という厄介な生き物についての興味深い書籍『蜂と蟻に刺されてみた』（白揚社）の著者であるジャスティン・O・シュミットは、「生物には最も重要な目標が2つある。食べることと、食べられないことだ」と私に言った。[13] これは「自分の遺伝子を残すために生き延びること」という前述の進化生物学者ジェリー・コインの考えにも通じるものがある。

生き物は、うまくいかないことは躊躇なくやめる。そのことで騒いだり言い訳をしたりはしない。何かをやめたとき、後悔してSNSに自虐的な投稿をしたり、酒席で友人に愚痴ったり、鏡を見ながら悲しみに浸ったりするのは人間だけだ。

ミツバチが生き延びようとすることの根底には、種全体の存続を維持させようとする大きな目的がある。ゆえに、勇敢にも自らの命を捨てて巣を守ろうとすることがある。ミツバチは敵を刺すと、針と一緒に内臓が抜けるために死んでしまう（刺すのはメスだけ）。だが、刺せば確実に死ぬことがわかっていながら、正気のミツバチなら何らかの利益をもたらさないものに対して刺すという決断を下すだろうか？

ミツバチは時に、刺さないことを選ぶ――と、シュミットはアリゾナ州ツーソンにある彼の研究室で説明してくれた。脅威となる生物が巣に近づいてきても、刺そうとしないことがある。自らの命をかけて巣を守ろうとはせず、やめることを選択するのである。

２０２０年に、ハチ、アリ、スズメバチなどの集団をつくる「社会性昆虫」についての、国際的な科学雑誌「アンセクトゥ・ソシオー」に掲載されたシュミットの実験結果は、ミツバチが瞬時にこの計算をしていることを明らかにした。[14] ミツバチは、捕食者が本物の脅威になるほど巣に近づいているかどうか、そして自分の命を犠牲にしてもそれを補えるだけの繁殖力が巣にあるかどうかを計算して、敵を刺すかどうかを判断しているのだ。もし、その状況がこの2つの条件（「本物の危機である」と「巣に繁殖力がある」）を満たしていれば、ミツバチは獰猛《どうもう》な戦士となり、大きな利益のために喜んで自らの命を差し出す。

だが条件が満たされなければ、ミツバチは刺さない。

「ミツバチはリスクとメリットを比較して、生きるか死ぬかを選択している」とシュミットは言う。[15] ミツバチは、一歩間違えば命取りになる難しい技に挑む体操選手のように、次の一手がもたらす危険と利益を天秤にかける。目の前の危機の重大さと、行動によってもたらされ得る報酬を比較する。そして、それが理にかなっていないと判断すれば、刺すのをやめるのだ。

やめなければ死に至る

そんなわけで、フィンチやミツバチ、オリンピック選手は、やめることで命が助かることもある。では、それ以外の人はどうだろう？

ミツバチが捕食者を刺すのとは違い、私たちはパーソナルスペースに侵入してきた誰かに「出ていけ」と言っても死んだりはしない。ブリトーのアルミホイルを剝《は》がすのに（おそらくそれは人間にとって、フィンチがハマビシの硬い鞘をつつくことに相当する）何分もかかったとしても、命にかかわるわけではない。やめることは、私たち人間にとっても生死にかかわる問題なのだろうか？

悲しいことに、答えはイエスだ。

２００１年８月、ノースウェスタン大学のフットボール選手ラシディ・ウィーラーが練習中に死亡した。同年、ミネソタ・バイキングスのコーリー・ストリンガー選手も猛暑下での激しい練習後に亡くなっている。２０１８年には、メリーランド大学のジョーダン・マクネア選手がうだるような暑さでの激しい練習中に、熱中症で倒れて命を落とした。２０２０年には、カンバーランド大学のレスリング選手グラント・ブレイスが、暑い中に坂道を駆け上がるチーム練習中に息絶えている。報道によれば、ブレイスは「水が欲しい。誰か助けてくれ。死にそうだ」と言ったという。[16] 1998年から2018年のあいだに、少なくとも34人のアスリートが練習中に死亡している。

聡明で有能なはずの選手たちは、何かがおかしいと気づいていたはずだ。熱中症の症状は、めまいや激しい頭痛、吐き気、ろれつが回らなくなる、筋肉の痙攣《けいれん》など、はっきりと自覚できる。にもかかわらず、彼らは練習をやめなかった。身体が発する「やめろ」というシグナルを無視したのだ。

周りにいた、まともな感覚を持っているであろうコーチやチームメイトたちも、亡くなった選手たちに練習をやめるよう促さなかったと言われている。知的な選手や善意ある指導者が、どうして異変のサインを見逃すのだろう？

人間の身体は、いつやめるべきかを教えてくれるようにできている。[17] 身体は強いストレスを感じると厳戒態勢に入り、サイレンや赤信号に相当する、「やめろ」というメッセージを脳に伝える。スタンフォード大学のロバート・M・サポルスキー教授が、ストレスの生理学に関する名著『なぜシマウマは胃潰瘍にならないか』（シュプリンガー・フェアラーク東京）で述べているように、人間の身体は、正常状態を保てなくなるほどの過度な負荷がかかると、遭難信号を発するかのように、心拍や呼吸数、血圧を急上昇させて私たちに必死に知らせようとする。

重要なのは、このような苦痛は肉体的なものだけではないということだ。心理的なストレスも同様に強烈で、無視すると悲惨な結果につながり得る。精神科医のベッセル・ヴァン・デア・コークは、その人道的で際立った著書『身体はトラウマを記録する』（紀伊國屋書店）のなかで、「脳の最も重要な仕事は、たとえ最も悲惨な状況下でも、私たちを生存させようとすることである。他のことは二の次だ」と述べている。[18]

人生がうまくいかないとき、正しいと感じることをしていないとき、心と身体に十分な栄養を与えていないとき、自分が定めた価値観や基準に従って生きていないとき、私たちの心身の健康は致命的なダメージを受ける可能性がある。つまり人間も、やめなければ生き残れないかもしれないのだ。

実例として、ジョディ・アリンのケースを見てみよう。

大切なのは自分を守ること

「離婚すると決めたとき、友人たちからは『なぜそんなことをするの？』と言われたわ。私は『そうしないと、死んじゃうからよ』と答えた。精神的、感情的に、死ぬと思ったの」とアリンは私に語ってくれた。[19]「離婚した後、『死ぬ直前に抜け出した』って言ったこともあるわ」

彼女は長年、精神医療センターで働き、コロラドスプリングス市のダイバーシティ・コーディネーターも務めた。その後、企業や個人を対象としたコンサルティング会社を設立。この会社は今でも好調だ。アリンはユーモアがあり、賢く、明晰で、魅力的な女性だ。思慮深く、慎重でもある。

つまり、彼女は話を大袈裟に膨らますような人ではない。感情に振り回されてばかりいるようなタイプでもない。

しかし、ふたりの子どもを育て上げた後に結婚を解消し、人生を一変させた理由を語るアリンは、お腹を空かせたフィンチにも理解できるような劇的な言葉でその決断を表現した。やめなければ死んでしまう――。

自らの選択をこのように表現するのは、アリンだけではない。本書の執筆のために行った数十回のインタビューでも、大勢の人が何かをやめた体験を同じように表現していた。人生を変えるほどの決断をした人たちの話には、驚くほどの共通点があった。話の細部は異なっていたが、「生きるか死ぬか」という言葉が随所に見られたのだ。

彼らは、やめることを単なる選択肢の1つとは考えていなかった。やめることが、人生そのものに感じられたという。多くの人が、やめることは、いいアイデアというだけではなく、それは酸素や食べ物のように、人が生きていくうえで欠かせないものなのだ、と力説していた。

「私はそれまでの人生で、忍耐力を鍛えられてきた。どんなことも乗り越えられる、どんな困難も〝学び〟に変えられるようになったわ」とアリンは皮肉交じりに話す。「でも実際には、必要以上に長くその場にとどまっていることが多かった。変化を起こすべきときが来る前に、必要以上の苦痛を味わうことも多かった」

どれだけ苦しい思いをしているか、いくら伝えても、友人たちは理解してくれなかった。『そうなの？　でも見た目は元気そうじゃない』ってよく言われたわ。でも、外見と中身は別物なのよ。そしてついにある日、『もう我慢の限界』って思ったの」

2021年9月4日、彼女は愛車のグレイのスバル・アウトバックに荷物を積み込み、コロラドスプリングスを離れ、東へ向かった。「こんなふうに考えてたの。1年かけていろいろな土地に移り住んで、自分がどんな場所で暮らしたいかを考える。できれば、コーヒーショップや書店や図書館なんかで働きながら」

その結果は？「最高だったわ。どんなに素晴らしかったか、言葉では言い表せないくらいよ。後悔したことは一度もない」

ただし彼女は、最初は「何かをあきらめる」という考えに慣れるのが大変だったと認めている。加えて何かを新しく始めることにも。「『根性なし《クイッター》』ってひどい言葉よね。父がよく言っていた。『何事も粘り強くやれ』『一度始めた仕事は最後までやり遂げろ』って。私たちの頭の中には、プロテスタントの労働倫理が、暗黙の偏見と同じように染み込んでる。だから、人生の進路を変えるとき、何か間違っていることをしている、失敗をしてしまった、という感覚を抱いてしまうんだと思う」

そして、そのことを認めるのは、あまり喜ばしいことではない。

「人生を大胆に変化させられたのは、勇気があったから?」と私が尋ねると、アリンはすぐに答えた。

「そんなことない、違うわ。『このままでは死んでしまう。なんとかしなきゃ』って自分に言い聞かせるのは、勇気なんかじゃない。自己防衛よ」

彼女は温かみのある、「わかるでしょ」とでも言いたげな笑みを浮かべた。

「大切なのは、思い切って大胆な変化を起こしたとき、自分がしているすべてを正当化する必要はないっていうことよ。人生は一度きりなんだから」

確信に導かれて

20年間シカゴで働いていた作家兼大学講師のクリスティン・スニードにも、アリンと同様の啓示が訪れた。２０１８年5月に突然、自分の人生がすべて間違っていると感じたのだ。

「やめなきゃダメだって思ったの。今までと同じことを続けてちゃいけない、って」

スニードはこう語った。[20] 仕事では着実に実績を積み上げていた。ノースウェスタン大学でライティングを教えながら、6年間で4冊の本を出版し、どれも高い評価を得ていた。でも、行き詰まりも感じていた。進むべき方向性が定まらなかった。「朝、お腹を空かせて気分よくベッドから起きられることが大切だった。私は疲れてた。だから、直感を信じるしかなかった」

少年サッカーのコーチをしているパートナーのアダムと一緒に、カリフォルニア州パサデナに引っ越した。今は小説のほかに脚本も書いている。

「何があっても、それが私の人生。自分の選択に後悔はないわ。ここに越してきて、生まれ変わった気分よ。シカゴにいたときは、マンションの窓から下の世界を見ていると、自分の首を絞めたくなってたから」

彼女は、いたずらっぽく付け加えた。「それか、他の誰かの首をね！」

このふたりの女性にとって、そして本書に登場する他の人たちにとっても、〝人生を変えよう〟という確信を強めたものは、気まぐれの思いつきや、「まあ、いつかは……」式のぼんやりとした考えではなかった。それは、今しかない、という差し迫った感覚だった。それはどうしても乗り越えなければならない壁であり、新しい世界への入り口だった。

我慢する女たち

人間の脳は、あらゆる生き物の脳と同じく、命が危ぶまれたときに何をすべきかを知っている――それは、やめて、他の何かをすることだ。アリンの脳は、そのことを知っていた。スニードも知っていた。ペトリ皿の中の粘菌でさえ知っている。

では、なぜ私たちは普段からもっとそうしないのだろうか？

エミリー・ナゴスキーとアメリア・ナゴスキーは、その挑発的な著書『バーンアウト（Burnout: Solve Your Stress Cycle）』（未訳）のなかでこう述べている。

「人間も、鳥やリスと同じように、やめどきを知ることができる――それは合理的思考の外にある静かな直感だ。私たちは、ただ、ここでできることはすべてやった。先に進むときが来たという心の声を聞く。残念なことに、その声を聞き流してしまうことが多い。人間、特に女性はこの声を限界まで無視してしまいがちだ[21]」

虐待関係にある女性は、善意の友人や家族から、加害者を許してもう一度やり直すべきだ、家庭を壊すべきではないと助言されることがある。どれだけ肉体的、精神的に苦しめられていても、パートナーに尽くすことを何より優先すべきだ、と。

あきらめて出ていくこと――相手との関係をやめること――は、周囲からの強い圧力に逆らうことでもある。ナゴスキー姉妹はこう記す。

「現代の社会では、『自制心』や『根性』、『忍耐力』が重んじられている。私たちは、目標を変えることを『弱さ』や『失敗』と見なすよう教えられている。（中略）目標の達成に『失敗』したら、それは自分に何か問題があるからだ、と。努力が足りないから、自分を『信じて』いないからだ、と[22]」

もちろん、私たちはやめることを決心する場合もある。それは、仕事をやめることかもしれないし、恋人と別れることかもしれない。あなたがクロムクドリモドキなら、それは黄色いカップの底にある種をつつくのをあきらめることかもしれない。

「これじゃ埒《らち》が明かない。無駄に消耗してしまうだけだわ」とあなたは思う。

だからアリンやスニード、ミツバチやカラスと同じことをする——やめるのだ。やめることで、新しい何かをするための時間とエネルギーが生まれる。今よりももっと有望なものに目を向けられるようになる。

次章で見ていくように、それはニューロンの痙攣から始まる。

QUITTING許可証

あなたはやめたがっている。
心の奥底で、「時が来た」と思っている。
現状がしっくりこないのなら、
自分の心と身体の声に耳を傾けてみよう。
あきらめて別の方向に進むのは、
他の生き物もしている生存戦略である。
簡単にやめる人間だと批判されるかもしれない、
という恐怖心による心身のダメージから
自分を守ることを邪魔されないようにしよう。

第2章

「もう無理!」を神経科学で読み解く

目的意識や意志力は
過大評価されている。
これらで何かを達成することはまれだ。

――許埈珥(数学者)

トッド・パーカーはそれを予感していた。
5年前に、シカゴ、デポール大学の教授職をやめた。教職は天職だと思っていた。コーネル大学で英文学の博士号を取得したのも、この仕事に憧れていたからだ。だが彼は2006年にこの大学をやめて、フランシスコ会の修道士になった。サンフランシスコに派遣され、炊き出しの奉仕活動もした。

4年後、また例の感覚が呼び覚まされた。やめたいという抑えきれない衝動だ。その時点では、自分は誤った道に進んでしまったという確信があった。信仰の生活では、望んでいたようには魂は満たされなかった。もはやこれは天職と思えなかった。

そこで再び仕事をやめ、看護学校に入学した。その後、故郷のニュー・メキシコに戻り、身体の不自由な人向けの医療施設で働き始めた。パーカーは、ついに自分らしい生き方を見つけたという。

「勇気があったからキャリアを変えられたとも言えるかもしれない。でも、僕にとって一番の原動力は恐怖心だった。職業的にも、倫理的にも、自分が思い描いていたのとはかけ離れた生き方をするのが怖かった。停滞した人生を送りたくはなかったんだ」[1]

大学の教室から修道院、そして病院へと、パーカーが生き方を変えていったことは、外側からは容易に辿《たど》れる。住まいはシカゴ、サンフランシスコ、アルバカーキと変わり、服装もツイードジャケットから法衣、スクラブに変わった。

だがもっと重要なのは、パーカーの内側で起こったこと、つまり、彼の脳内にある蜘蛛の巣状にひび割れた鏡のような860億個の神経細胞（どの人間の脳にも同程度の神経細胞がある）の迷路のなかで繰り広げられたことだ。なぜなら、すべてはそこから始まるからだ。パーカーがやめることを思い立つと、脳内の電気パルスや化学物質が神経細胞を活性化し、彼がいつ何をするのかが決定されるのだ。

神経科学者の挑戦

ここ数年、ゼブラフィッシュやネズミを用いた興味深い神経科学の実験によって、「やめること」についての重要な発見があった。それは、「特定の細胞に特殊な化学反応を誘発すると、『やめること』――つまり何らかの行動を停止することが促される」というものだ。

人間にとって、この「やめること」には、退職や離婚といった大きなものもあれば、次の煙草に火をつけるかつけないか、それを吸うか吸わないかといった小さなものも当てはまる。とっさに思いついた些細な行動から、長い期間考えた末に人生を根本から変えるような大きな行動に至るまで、あらゆる行動がその対象になるのだ。

「人間が行動を断念する方法は様々だ[2]」と神経科学者のミシャ・アーレンス博士は言う。「その一部は魚と共通しているかもしれない」

ヴァージニア州アッシュバーンにあるハワード・ヒューズ研究所ジャネリア・リサーチキャンパス内の研究室で、アーレンスのチームは、最近までリアルタイムで見られなかった現象の観察に取り組んでいる。それは「ある作業が無駄だと判断してやめるときの、生物の脳全体の様子」だ。アーレンスらは、遺伝子組み換え技術や三次元（3D）顕微鏡検査法などを用いて、魚が何かをあきらめるときの脳のプロセスを観察することに成功した。この手法を応用して、複雑で精巧な人間の脳を解明することに期待が寄せられている。

アーレンスらは、「やめること」に関する最新の科学が、人々の生活を向上させる大きな可能性を秘めていると考えている。この謎が解明されれば、薬物やアルコール依存の効果的な治療法も発見されるだろうし、強迫性障害や希死念慮の状態にある人々の精神的苦痛も緩和できるかもしれない。認知的な柔軟性を高める方法も提案できるかもしれない。なぜなら、やめることは人間の活動の中心にあるからだ。やめることとは、行動や決断、やる気や自発性、選択や願望、絶望や不安（とその後の回復）に深く関わっている。私たちがなぜ何かを始め、やめ、再開するのかという問題は、人間の存在の根本と結びついている。

そして、アーレンスら神経科学者たちにとって、その探求はごく小さな生物の脳の働きを解明することから始まっている。

ゼブラフィッシュが教えてくれること

私たちは、脳について何でも知っているようで、実は何も知らない。

「脳細胞のつながりの基本的な仕組みすら、ほとんど解明されていない」と、ハーバード大学で分子細胞生物学分野の伝説的な教授であるフローリアン・エンガートが述べたこともある。[3] 人がコーヒーを飲む動作は、その様子を見れば簡単にわかる。マグカップの取っ手を指と親指でつかみ、ひと口飲んだら、またカップを置く。それを観察するのは難しくない。

では、誰かがコーヒーを飲もうとしてから、それが実際にコーヒーを飲む動作につながるまでのあいだに脳内で起こっているはずの複雑な伝達手段についてはどうだろう？　私たちはその目に見えない部分を、どのように理解できるのだろう。つまり、神経細胞とエスプレッソマシンはどのようにつながっているのか？

それを理解することは、とてつもなく難しい。

アーレンスは、10年前に自身の研究所を設立するまで、博士研究員としてハーバードの研究所でエンガートのもとで働いていた。そのとき、チームの一員として脳科学界に衝撃を与える画期的な実験を行った。それは、生きている生物の神経細胞（その数は約10万個。対象がゼブラフィッシュだった）の活動を画像化するというものだった。それまでは、生物の脳内の神経活動はごく部分的にしか観察できなかった。

「我々は、魚に様々な動作をさせた」とアーレンスはエンガートの研究所にいた当時を振り返る。「様々な動作をする魚の脳の働きは、瞬間ごとに大きく変化していた」

この歴史的な画像実験を行ったとき、アーレンスはゼブラフィッシュが勢いよく泳ぎ、急に止まった瞬間を目にしたことが脳裏に焼きついているという。「自分の研究所を立ち上げると、再びこの実験に取り組んだ。この急激な行動の変化に興味を惹かれたからだ。脳は決して静止しない。それなのになぜ、動物は突然こんなにも違う動作を瞬時に切り替えられるのだろうか。脳のなかで何かが起きているのは間違いない」

魚は、人間も含むあらゆる動物と同じ行動をとる。つまり、活動をやめては再開することを繰り返している。だが、どうやって？　魚の脳は、どのような信号に反応しているのか？

最新テクノロジーで「やめること」の解明に挑む

20世紀の最後の数十年まで、科学者が脳の状態を調べるには、神経伝達物質間を行き交う化学物質を特定して測定するしかなかった。「神経活動の燃料が何かを調べて脳の働きを理解しようとするのは、ガソリンを調べて車のエンジンを理解しようとするようなものだ」と精神科医のベッセル・ヴァン・デア・コークは述べている。[4] だが、脳が活動する様子を撮影できる画像技術が登場したことで、状況は一変した。「神経画像によって、エンジンの内部を見られるようになった」とコークは説明する。

アーレンスやワシントン大学のマイケル・ブルーチャスなど、依存症の問題を解決するための研究を行っている神経科学者は、神経画像を使って、脳が秒単位でどう作用しているかを、細かなシナプスの働きまで目を向けて解明に取り組んでいる。

しかし、これまでにない高性能の画像処理装置を装備しても、脳の機能を解明するのは困難だ。脳は極めて複雑な組織体であり、決して止まることがないからだ。「遺伝子や環境、最近では依存性薬物の影響を受けて、神経細胞はその形態や接続を絶えず変化させている」とシアトルのキャンパスオフィスでブルーチャスは私に語った。[5]「複数の要素が変化しているんだ」

サイエンスライターのアリエル・サバールは、「スミソニアン」誌に掲載された記事で、脳の広大で複雑な相互関係のデイジーチェーン構造を、「細胞は電気パルスの形でメッセージを交換する。それが脳のあらゆる部位に張り巡らされたファイバーネットワークに沿って、ミリ秒単位の速度で走っている」と巧みに表現している。[6]「休むことのない脳の内部で、北京はヘルシンキと電話し、ラパスとカンパラと会議をしている」

このことは、脳が携わる最も短く、単純かつ平凡で、無意味な活動、たとえば、手早くコーヒーのマグをつかむことについても当てはまる。これよりも複雑な活動、たとえばクロスワードパズルを解いたり、交響曲を作曲したり、側転を披露したり、ロースクールを退学するかどうか判断したりするときに脳がどのように働いているかを理解するのがどれほど難しいかは、想像していただけるだろう。「やめる」という行為も、ゼブラフィッシュのような小動物が尻尾を振るのを一時的に止めるといった動作であっても、とてつもなく複雑なのだ。

ところで、神経科学の研究室ではなぜゼブラフィッシュが実験に用いられているのか、疑問に思った人もいるだろう（私も、なぜアーレンスやエンガートの研究所では、棚に整然と並べられた同じ大きさの容器のなかで何匹ものゼブラフィッシュが出勤要請を待っているのかが不思議だった）。ゼブラフィッシュはインドや南アジアの淡水域に生息する丈夫な熱帯性の魚で、安価で、入手しやすく、繁殖も早い。また、遺伝子を操作しやすく、活動が活発なときに神経細胞が明るい緑色に光を放つようにもできる。さらに、幼魚の段階では透明だ。サバールは「ゼブラフィッシュの赤ん坊の心を読むには、ただ見るだけでいい」と言う。[7]

カギを握る細胞

ゼブラフィッシュは本能的に水の流れに逆らって、ゆっくりと着実に前進しようとする。この強い衝動を邪魔し、苛立たせて泳ぐことをあきらめさせるために、アーレンスのチームは仮想現実を利用し、水槽内に仮想的なフィードバックの仕組みをつくった。スクリーンに動く棒を数本映し出して、ゼブラフィッシュに努力しても進歩がないように思わせたのだ。魚にとっては、どんなに懸命に泳いでも、足踏み状態となり、停滞しているように感じられる。

ゼブラフィッシュは初め、ひたすら頑張ろうとする。エネルギーを大量に消費しながら、前に進もうとする。だがしばらくすると、あきらめてしまう。そして、アーレンスが「無益性が誘導する消極性」と呼ぶ状態に入る。第1章で説明したように、動物は無意味なタスクに貴重なエネルギーを使いすぎると死んでしまう。そのため、役に立たない行動には労力を投じなくなるのだ。

アーレンスのチームは、画像処理技術を使って、ゼブラフィッシュの脳内で「やめる瞬間」に何が起こっているのかを突き止めた。魚にやめる行動を促した神経細胞を特定したのだ。この神経細胞を特定したことは「あきらめることの科学」にとって大きな前進となった。とはいえ研究の初期、研究チームは大きな謎を抱えていた。

アーレンスによれば、魚にやめるように仕向けていたのは、ニューロンではなく別の種類の脳細胞だった。それは人間にも魚や他の動物にも存在する、グリア細胞と呼ばれるものだ。ニューロンとは異なり、グリア細胞は電気信号を流さない。ヘルパー細胞やハウスキーピング細胞と呼ばれることもあるグリア細胞は、レーシングカーのピットクルーのように、重要な神経細胞を助ける働きをしているだけだと考えられていた。

「神経細胞は超高速で動作するように最適化されている」とアーレンスは言う。「グリア細胞は動作が遅い」

だが科学者たちは現在、以下のように考えている。グリア細胞は、記憶処理や免疫系の反応など、これまで理解されているよりも大きな役割を担っている。顕微鏡で見ると、グリア細胞は線の細い星形で、神経細胞の周りに触手を張り巡らせて活動を支えているのがわかる。

「これまでにも、グリア細胞の画像処理は行われてきた。そして、この細胞自体にも活動があることもわかっていた。ただ、それが何のためにあるのかはわからなかったんだ。私は、この細胞が神経細胞を正常に働かせるためだけに存在するという考えを、ずっと疑ってきた」[8]

アストロサイト、オリゴデンドロサイト、ミクロゴリアという3種類あるグリア細胞のうち、放射状アストロサイトと呼ばれる細胞が、魚が前に進むのをあきらめた瞬間に活性化した。

2019年に学術雑誌「セル」に掲載されたこの実験の報告によると、概要は以下の通りだ。[9]

グリア細胞はゼブラフィッシュの行動を徹底的に調査して、閾値《いきち》に達したとき――具体的に何かはわかっていないが、試行した回数である可能性が高い――メッセージが送られる。単刀直入な、「やめろ」というメッセージだ。

つまり、大本命のニューロンではなく、あまり注目されていなかったアストロサイトが、魚の不満に反応して、行動をやめさせているのだ。「我々は、アストロサイトがこの神経回路の働きに不可欠であることを証明した」とアーレンスは言う。それは神経科学界では画期的な発見だった。「アストロサイトの働きに関して、これまでにも多くの仮説が立てられてきた。しかし、実際の脳では解明されていなかった」

この仮説を検証するために、アーレンスはレーザーを用い、「やめること」のプロセスに関与するアストロサイトの機能を停止させた。その結果、アメリカン・フットボールの名コーチ、ヴィンス・ロンバルディがもし今生きていたら喜びそうな、「オフ」のスイッチを持たない魚が誕生した。「アストロサイトの細胞を除去するか沈黙させると、絶対にあきらめようとしない魚ができる」とアーレンスは言う。

さらに、アストロサイトを操作してグリア細胞の活動を維持させると、逆の現象が起こった。魚は、簡単に泳ぐことをやめるようになったのだ。研究チームは、仮想現実のトリックを使って、魚に「この努力は無意味だ」と思わせる必要はなかった。アストロサイトのスイッチを入れると、魚は頑張ろうという素振りすら見せなくなったのだ。

人類を変え得る研究

ゼブラフィッシュには失礼かもしれないが、これらが解明されたところで、人類にどんな意味があるのだろう。あなたや私、そして幸福で生産的な人生を送ろうとするすべての人にとっての見返りは何なのか？

「やめること」は、脳が司《つかさど》る人間行動の制御のなかでも核となることがわかっている。アーレンスらによる「基礎科学研究」は、次の段階の応用化学や医学の礎になる。神経科学では学びのステップを飛ばせない。知見を積み上げていくなかで、洞察が生まれる。では、アストロサイトは人間の脳の「やめる、やめない」という衝動を制御することを可能にするのだろうか？

「十分にその可能性はある」とアーレンスは言う。「同種のメカニズムの結果として、やめることと同じような消極的状態を誘導できる可能性は高い。だが目下のところ、まだこれを実現する方法はわかっていない」

アーレンスの研究が最終的に人類に影響を及ぼすのは、何度も実験を繰り返した何年も先のことになるだろう。現在、彼のチームはアストロサイトの働きの研究を続けている。主な研究課題は、「魚に継続または中止を指示するために、脳内ではどのような化学物質が、どのような順番で放出され、神経細胞の活動を抑制したり、開始させたりしているのか？」である。

確実に言えるのは、脳がどのように人間の行動をコントロールしているかや、それが生物の生存の可能性に寄与しない場合にどのように中止されるかについて、少しずつだが科学の理解は進んでいるということだ。そして自身の研究には長期的な不断の努力が必要であるにもかかわらず、アーレンスは根性論を疑う私に同意し、「ネバーギブアップという言葉は嫌いだ」と言った。「続けることが正しい戦略とは限らない。多くの労力を注いだ事実を無視しなければならない場合もある。努力すれば必ず価値のある成果が上がるわけではないんだ」

ドーパミンと「やめること」の関係

マイケル・ブルーチャスは「思考」について実に様々なことを考えている。それは、神経科学者としてのブルーチャスの仕事の一部でもある。だが、ワシントン大学で約30人の研究員がいる自身の研究室がここ数年で成し遂げた進歩について彼が興奮気味に語るのを聞いていると、ブルーチャスにとってはそれが9時から5時までの仕事以上のものであることがわかる。「この仕事に情熱を注いでいるんだ」と彼自身もそのことを認めている。

その肩書から、彼の研究範囲がいかに広く、複雑であるかが見て取れる。ブルーチャスは麻酔科学、疼痛医学、薬理学の教授であり、生体工学科と同大学の中毒、疼痛、情動の神経生物学センターの共同責任者も兼任している。

ブルーチャスは脳の驚異的な能力を知っている。脳のおかげで、人は山に登り、マフラーを編み、ソネット（四行詩）を書き、数式を解き、スフレをつくれる。一方で、その脳こそが、うつ病や統合失調症、不安障害、さらには薬物やアルコール依存、過食症、強迫神経症といった様々な精神疾患の患者に恐ろしい苦しみや長期的な精神的苦痛をもたらす原因にもなる。

彼は、脳について知れば知るほど、それが引き起こす精神的苦痛から解放されると考えている。やめること――すなわち脳が行動を変えようとする瞬間――について知れば知るほど、脳を全体として理解することにつながるとも考えているのだ。

やめることに関する研究は、「2つのタイプの人間に役立っている」、とブルーチャスは説明する。「やる気が起きないうつ病患者。それと、その反対側にいる、やる気は十分だが間違った方向に向かっている薬物乱用者。特定の受容体を標的にできれば、対象となる行動を調整できる。我々は、神経変調療法を理解することに重点を置いている」

ブルーチャスは続ける。「脳には、電気信号と化学信号とがある。我々は調節因子である化学伝達物質に着目している。マウスやラットを使った実験では、化学信号を増やしたり減らしたりした。これらの信号は、何千年もかけて進化した受容体群によって受信されている。我々はこの伝達物質を理解しようとしているのだ」

2019年、ブルーチャスの研究チームは、画期的な報告をした。[10] ノシセプチン神経細胞と呼ばれる意欲に関与する神経細胞と、その神経細胞が連携する受容体とのあいだで相互作用が起こる場所を特定し、その相互作用がどのように起こるかを突き止めたのだ。これらの特殊なニューロンが脳の腹側被蓋野（VTA）と呼ばれる部位でノシセプチンを放出し、ドーパミンを抑制する。VTAは脳の中心部に位置している。

ドーパミンは最近、よく知られるようになった。この神経伝達物質が、様々な快感を司っていることへの理解が進んだからだ。食事やセックス、音楽などから得られる快感は、ドーパミンの働きによるものだ。だがドーパミンは本来、神経細胞間を行き来する化学伝達物質であり、楽しい時間と同様に意欲にも関連している。そのため、ドーパミンを抑制すると（ノシセプチンもこの作用をもたらす）、人は意欲を失う。

ブルーチャスらは実験によって、マウスが「もう十分に行動した」と判断して行動を停止するのとほぼ同じタイミングで、ノシセプチン神経細胞の活発化が高まっていることに気づいた。ドーパミンは、ノシセプチンが放出されることで抑制される。ブルーチャスによれば、ノシセプチンは受容体に結合してドーパミンの取り込みを阻害するタンパク質を生じさせる。ドーパミンによる満足感が得られないと、マウスは落胆して活動をやめてしまう。

ということは、やめることはノシセプチン神経細胞の作用によるものなのだろうか？　それとも、やめることでノシセプチン神経細胞が誘発されるのか？

「その点についてては、まだわかっていない」とブルーチャスは言う。研究チームは、その解明のために日々努力を続けている。この答えが明らかになれば、ギャンブルなどの依存症に苦しむ人々に救いを与えられるという意義ある目標に大いに役立つものになるだろう。

「スロットマシーンの前にいる人を想像してほしい。彼らは何度も何度もマシーンにお金を投入し、ひたすらゲームを続ける。だがある時点で許容範囲を超えると、あきらめてしまう」

ブルーチャスらはそのシナリオを研究室で再現した。マウスが鼻でボタンを押すと、餌のペレットがもらえる。「『もう1つ餌が欲しいか。なら、今度は2回ボタンを押すんだ。今度は4回。次は16回』という具合に餌を得るためのボタンを押す回数を指数関数的に増やしていく。やがて、マウスが『100回もこんなことはしない』という態度をとる段階がくる。彼らは限界に達したんだ」

私たちはこの感覚をよく知っているはずだ。「もういいや」と思う瞬間が訪れ、それまでしていたことをやめる。「最後の藁《わら》」「ラクダの背中を折る最後の藁〔我慢の限界を超える一線〕」と呼ばれたりもする。ほとほと嫌になり、「もうやめた」と匙を投げる瞬間だ。

ブルーチャスは、「動物が『もうダメだ』と感じた瞬間、脳内でノシセプチン神経細胞が急増することを確認したのは重要な発見だった」と言う。彼はいつの日か、製薬会社の研究開発部門がVTAの活動を操作する薬をつくり、依存症の治療に役立ててくれることを願っている。

「でもそれはひと筋縄ではいかないだろうね。他の細胞の働きがまだよくわかっていないから。ある細胞の働きのみをブロックする必要があるかもしれない。我々は常に自問し続けている。『なぜ脳のあの部分はそこに存在するのか？　なぜこのような機能を持っているのか？』ってね。忍耐力は脳によって自然に制御されているが、複数の神経回路を経由している可能性があるんだ」

とてつもなく複雑なプロセス

ヴァンダービルト大学のティロ・ヴォメリスドルフ博士によれば、脳にとって「やめること」は容易ではなく、むしろとりわけ難しいものだという。脳が何かをやめるためには、「認知の柔軟性」という、研究者がその全容と複雑性をようやく理解し始めたばかりの能力が必要になるからだ。

ただし、脳に未経験のことや新しいことを行わせようと何度も要求すると――つまり現在していることをやめて別のことをしようとすると――脳は次第にそれをうまくできるようになる。脳は活性化されることを好む。やめることは、脳のエアロビクスのようなものなのだ。

ヴォメリスドルフによれば、最近の研究によって、彼が「とどまるか、進むか」と呼ぶ決断を脳が実行するのがいかに難しいかが明らかになったという。「脳が変化したり、切り替えたりして、新しい何かをするためには、それ以外の選択肢をすべて考慮しなければならない。他にどんなものがあるのか？　すでにどれだけのものを得ていて、この先どれだけのものが得られるのか？　とどまるか、進むべきかを見極める判断材料を得るには、脳の様々な領域が密接に連携しなければならない[11]」

ヴァンダービルト大学の心理学とコンピューターサイエンスの准教授であるヴォメリスドル

フは、ナッシュビルにある自身のオフィスで私に説明してくれた。脳には、やめることのためだけに使われる特別な領域がある。この領域で、進路を変えるための柔軟性が発揮され、現状維持のほうがよいと思われる場合に「とどまること」が判断される。

ヴォメリスドルフと同大学の工学部、情報科学部、ヴァンダービルト脳研究所の研究者らは、2020年「米国科学アカデミー紀要」に掲載されたレポートで、この特別な領域の位置や機能を示す実験結果について考察している。

「我々は、これらに関連する脳の領域をいくつか特定している」とヴォメリスドルフは言う。特に重要な領域は、大脳皮質外套の深部にある基底核にあり、そこにはピアノを弾くなどの動作に必要な微細運動技能の習得を司る神経細胞が存在している。ヴォメリスドルフらは、ピアノを弾くときに手を鍵盤の1オクターブ分広げるのと同じような身体的な柔軟性が、脳が選択肢を選び、戦略を立て、潜在的な結果について熟考するなどの意思決定の際に発揮する柔軟性にも一役買っているのではないかと推測している。

ヴォメリスドルフらは、カナダ・トロントのヨーク大学視覚研究センターと共同で、「多くの選択肢からの選択」といった厄介なタスクを実行する際の脳細胞の活動を測定する実験を行った。その結果、特に難しいタスクに直面すると、脳の活性化が高まることがわかった。

脳がタスクに慣れると――同じ指示を出せば結果が得られることを確信すると――神経細胞の活動は低下する。しかし、新たな難しいタスクが発生すると、神経細胞は再び活性化する。

つまり脳は、物事に慣れると油断するのだ。

ヴォメリスドルフのチームの研究員で、論文の筆頭著者でもあるキアヌシュ・バナエ・ボロウジェニは、この研究結果の概要を次のように述べている。

「これらの神経細胞は、脳が自らの回路を再構築して、関連性が薄くなった過去の情報から、関連性の高い新しい情報へのつながりを強めるのを助ける働きをしている」[12]

つまり、脳は挑戦することに快感を覚えているのだ。

脳の可塑性とは、人が生涯を通じて変わり続け、新たな環境に適応するために脳細胞の配列を変化させるのに欠かせない機能だ。以前は、脳は基本的にブラックボックスで、出生時に存在する神経細胞がすべてだと考えられていた。しかし現在では脳の可塑性への理解が進み、70代の高齢者でもファゴットが吹けるようになったり、タンゴを踊れるようになったりするのはこの働きがあるからだということがわかるようになった。前述したトッド・パーカーも、この可塑性のおかげで、まったく異なるスキルや大量の知識を身につけながら、大学教授から聖職者、医療従事者へと仕事を変えられたのである。

もし脳にそのような機能が備わっていなければ、どうなるのだろうか。先天的または後天的な理由によってこの機能がうまく働かないと、認知機能が妨げられることがある。認知の柔軟性を有効にする神経細胞が適切に機能しないと、タスクの切り替えが難しくなる。その場で立ち往生し、新しい環境に適応できないのだ。逆に、注意が簡単に切り替わりすぎると、「重要な情報に集中しにくくなる」という。

ヴォメリスドルフは自身の研究が将来的に強迫性障害などの問題に苦しむ人々の助けになることを願い、同じ大学の他学部の研究者らとともに、統合失調症などの病気や、アルツハイマー病などの精神的衰退を引き起こす病気の治療薬の開発にも取り組んでいる。脳が働き始めるときに、脳内のどの場所でどんな作用が起きているかを深く知ることが、この取り組みに役立つのだという。

ただしヴォメリスドルフは、これまでに知り得たことは導入部にすぎず、認知の柔軟性の根底となる神経回路網を完全に理解するには程遠い段階にあると注意を促している。脳が「あきらめるか、進み続けるか」の決断を下せるのは、神経細胞が「急速な切り替えと進路変更」を行っているためだ。「私たちがある行動をやめなければならないとき、一部の神経細胞が他の神経細胞の介入を制御する。それによって、新しくやりたいことへの衝動が抑えにくくなる。この神経細胞の働きによって、私たちはそれまでやっていたことをやめて、別のことを始めることができる」

「人が何かをやめ、別のことするのを司る脳の回路」は存在するのかもしれない。それを見つけるというヴォメリスドルフの研究全体の目標自体は至極シンプルだが、目標実現のための作業はとてつもなく複雑だ。

人間と動物との違い

脳は挑戦することで成長する。研究者が様々な実験で証明しているように、ある活動をやめ、別の活動を始めると、脳は夢中になり、問題解決能力を高め、パフォーマンスを研ぎ澄ませて新たなタスクに取り組む。その点では、人間は他の動物とよく似ている。人間の脳は、適切に機能していれば、定期的かつ戦略的に何かをやめるようにできているのだ。

だがある重要な点で、人間は他の生物とまったく異なる。そしてこの違いに、人が「やめること」に対して葛藤を抱く原因があるように思える。やめることが賢明な選択肢であっても、それを選択することを阻害する何かがあるのだ。

米国の神経内分泌学の研究者であるロバート・M・サポルスキーは、自著のなかで、「ある点では、人間は他の動物とまったく同じである」と記している。[13]実のところ、科学者はこの視点から、大雑把に動物とひとくくりにして、人間の行動を説明する一般論を述べることもある。だがサポルスキーは、いつもそうだとは限らないと付け加える。「人間を理解するためには、人間のことだけを考えなければならない場合もある。人間は独自の行動をとるからだ。（中略）たとえば人間は共通の信念体系に基づいて文化を構築し、それを何世代にもわたって伝播することができる」

私たちが、いくら自分ひとりで考え、決断を下したと考えていたとしても、大きな社会の一員であることからは逃れられない。人間の脳は、外部から影響を受けずに純粋な思考をする閉ざされた機関ではない。ヴァン・デア・コークも、「社会環境は、脳内の化学物質と影響しあう」と述べている[14]。生物学者のバーント・ハインリッチはその著書で、「文化とは、過去の時代の生物からつくられた白亜質石灰岩のようなものだ。それは時代を超えて蓄積した人類の知識や過ちや願望の残渣《ざんさ》だ。植物が根から栄養を吸収するのと同じように、人は目や耳から文化を脳に吸収している[15]」

私たちは、小説や映画、テレビ番組、歌、ツイート、拡散動画、広告、詩、看板、スローガン、インスタグラム投稿、ビデオゲームなどの様々な表現物に囲まれながら暮らしていて、それらに影響され、欲求を引き起こされ、振る舞い、行動している。

それらは、私たちが「やめること」をどうとらえているにしても影響を及ぼしているのだ。次章ではこの問題を探っていこう。

QUITTING許可証

脳をすばやく柔軟に働かせるには、どうすればいいのだろう？
脳は身体と同じように、常に動き、
変化し続けることを望んでいる。
だから、方法や目標を常に見直すのは有効だ。
別の生き方がないか考えてみよう。
その結果として、何かをやめると決断したとしても、
それは降伏ではない。
脳のエアロビクスのようなものだと見なせばいいのだ。

第3章

ジェニファー・アニストン、仕事をやめる——「やめること」は、メディアでどう描かれてきたのか

やめれば、状況は面倒になるかもしれない。
でも、その面倒さを受け入れればいい。
事態がややこしくなっても、
それを楽しめばいい。怖がっていてはダメ。
考え方はいつでも変えられる。
私がその生きた証拠。
4回もキャリアを変え、
3回も結婚してるんだから。

——ノーラ・エフロン（脚本家、映画監督）

1999年公開の古いカルト映画『リストラ・マン』の一幕を紹介しよう。ジェニファー・アニストン演じるジョアンナは、眼鏡をかけた無能な店長のスタンに愛想を尽かしている。制服にくだらないバッジをつけさせられることにもうんざりだ。そんなスタンから「センスがない」と再三言われ続け、ジョアンナの怒りは爆発する。

もう十分。これ以上我慢できない——。

この後の展開を切り取った動画は、ユーチューブで100万回以上も再生されている。それは、憂鬱な職場につきものの、嫌な上司が定めたバカバカしいルールに抵抗を示すものだった。

「こんな仕事大嫌い。やってられない。もうたくさん！」

ジョアンナはきっぱり言い放ち、中指を立てて去っていく。

このシーンが大人気であるという事実は、やめるという行為が人々の心にいかに深く響くかをよく物語っている。やめることは人間にとって本能的で自然な行動のはずだ。けれども私たちは、『リストラ・マン』で描かれたような、簡単に物事をやめられない世界に生きている。ジョアンナがとった行動は、冷酷無比な会社で歯車として働く者の権利を守るための正当な一撃ともとれるし、些細なイライラが引き起こした一時的な興奮ともとれるかもしれない。いずれにしても、誰もこれを単なる他人事とは受け止められないはずだ。

2022年に大ヒットしたコメディドラマ『ハックス』第2シーズンの最終回で描かれた、ポール・W・ダウンズ演じるジミーが、マネジメント会社を颯爽とやめるシーンも、他人事のようには見ていられない。ジミーに励ましのエールを送るか、不快に感じるか。拍手喝采するか、短絡的な愚かさにあきれるか。その中間はない。このようなシーンは、あなたが「やめること」をどうとらえているかを判断するための、格好の指標になる。

映画やドラマでジョアンナやジミーのように勇気を出して仕事をやめた人の姿を見た私たちは、次に上司に怒鳴られたときに同じようにやめようとするだろうか？　あるいは、軽率で無鉄砲な行動をとりがちな人なら、画面のなかのやめる人を見て、「これからはもう少し冷静になろう」と思い直すのだろうか？　米国の小説家兼シナリオライターのマシュー・スペクターは、その著書のなかで、こうした映画の効用は、私たちに自分の本心を思い出させてくれる点にあると書いている。「私たちは、映画やテレビドラマなどで描かれる登場人物に自分を重ね合わせている。フィクションと人生は写し鏡のような関係だ[1]」

エンターテインメント作品は、教訓的な答えを示す必要はない。映画やテレビドラマ、小説、映画の登場人物は、私たちの代理として何かをやめる。そうしたシーンを見て、私たちは自分が同じように思い切った行動をとったらどうなるかを考える。どんな気持ちになるだろう？　解放された気分になる？　それとも後悔する？　それだけで、十分に意味があるのだ。

「この種のシーンが人気なのには理由がある」。ロンドンのエンターテインメント・ライター、エミリー・ゼムラーは言う。[2]「1つの映像にいろんな意味が込められているの」

ゼムラーは、テレビシリーズ『マッドメン（Mad Men）』のなかでエリザベス・モス扮するペギー・オルソンが会社をやめ、「荷物の入った段ボールと煙草を持って廊下を去っていく」シーンを引き合いに出す。

「私たちがこうしたシーンに惹きつけられるのは、自分たちの欲望が暗に込められているからよ。自分をうまくさらけ出せない人にとっては特にそれが当てはまるわ。何かをやめるのは勇気がいるし、危険も伴う。うっとうしい上司にガツンと言い返したり、印象に残る捨てゼリフを吐いて嫌な職場からおさらばしたりしたいと思ったことがない人はいないはず。でも、実際にそれを実行できる人はめったにいない」

「何かをやめる行為」は、誰もができるわけではない型破りな行為であるからこそ、こうしたシーンを見て人はスリルを味わう。映画やドラマでは古くから、やめることは最悪な行為、怠惰な臆病者の切り札として描かれてきた。

昔の名作映画には、あきらめない男女が頻繁に登場する。『真昼の決闘』(1952)は、町の住民が臆病風に吹かれるなか、ゲイリー・クーパー演じるウィル・ケインがたったひとりで悪漢に立ち向かうし、『勇気ある追跡』(1969)でも、ジョン・ウェイン演じるルースター・コグバーンは正義を貫くことをあきらめない。『シルクウッド』(1983)では、メリル・ストリープ演じるカレン・シルクウッドが自らの命を危険にさらしながらも真実を暴こうと心に誓う。このような映画は、「やめることは臆病者の逃げ道だ」という世間一般の考えを強めるものにもなっている。

「人がメディアにどれほど大きく影響されているかは、過小評価されている」と、社会心理学者のデヴォン・プライスは語る。

「だからこそ、タフで、意志の強い、自立したヒーローのイメージが昔から飽くことなく描かれ、人々に強烈なインパクトを与え続けてきたのだ。私たちは幼い頃からメディアで繰り返し描かれるテーマに慣れきっていて、それに疑問を投げかけることを教えられていない。物心がついたときから、テレビ番組や広告、映画、そして昨今ではソーシャルメディアの動画にどっぷりとつかり、それをもとにして世界の仕組みを理解し、自分は何者で、どう振る舞うべきかを考えている。このことは、現代人の行動に大きく影響している。多くの科学的な研究でもそれが裏付けられている[3]」

プライスは、メディアが描くイメージはとらえ難いものでもあるが、その影響力は極めて強いと言う。「私たちがメディアのメッセージを受け身で消費しがちになるのは、疲れ、孤独を感じていて、逃げ道を探したり、目に入ってくるものを疑う心の余裕がなかったりするときだ。そのような状態が続くと、いつのまにか、メディアが伝える内容を鵜呑みにしたような考えを持つようになってしまう」

こうして、「我慢が大切」という世間の考えは、私たちの心にこっそりと忍び込む。「根性や忍耐を重視する世俗的な考えは、米国の建国精神やプロテスタントの労働倫理、宗教や文化とも深く結びついて、それを強める働きをしている」

『リストラ・マン』でジョアンナが無能な上司に中指を立てたのを見て、私たちが小躍りしたくなるのも無理はない。ジーン・スマート演じるデボラ・ヴァンスを「年寄りで最近の事情に詳しくない」という理由で顧客から外すという上司の命令を拒否し、ジミーが会社をやめるシーンもそうだ。登場人物が置かれた状況は、無能な司令官のために大勢の騎兵が無謀な戦いで命を落としたクリミア戦争の軽騎兵旅団の突撃を彷彿とさせる。

こうしたカルチャーは、私たちの生活の隅々にまで染み込んでいる。エズラ・クラインは、2021年6月18日に放映された「ニューヨーク・タイムズ」紙のポッドキャストで、パンデミック後の経済について語るその日の番組のエピソードタイトルを、連邦準備制度やモーゲージ証券といった言葉は用いず、「〝もうこの仕事はうんざり(Take this job and Shove It)〟エコノミーにようこそ」と名付けた(1978年にデヴィッド・アラン・コーが作詞・作曲を手がけ、ジョニー・ペイチェックが歌ったカントリーバラードにちなんだものだ)。

古典文学にも、やめることがテーマの作品は豊富にある。はるか昔に書かれた小説や戯曲にも、やめるシーンがドラマチックに描かれている。現代の読者にとっても、自分が今直面しているジレンマと重なる場面もあるだろう。ヘンリー・ジェイムズの『ある婦人の肖像』やヘンリック・イプセンの『人形の家』などで描かれたような、可もなく不可もない関係を解消して自由を手に入れるか、それとも世のしきたりに従って関係を続けるか、といった葛藤を抱えている人もいるだろうし、ハーマン・メルヴィルの『白鯨』の主人公エイハブのように、病的なまでの強迫観念を捨て去ろうともがいている人もいるかもしれない。

ただし、「やめるシーン」はどれも同じだ。登場人物は最後通牒を突きつけて(または銛《せん》を打ち込んで)、嵐のように立ち去る。そこで爆発する感情も似たようなものだ」と考えているのなら、もっと目を凝らす必要がある。

これから詳しく見ていくように、やめることは、そんなに単純なものではない。

「やめる登場人物」への共感

1982年の名作映画『愛と青春の旅だち』で、リチャード・ギア演じる、海軍のパイロット志願者のメイヨは、士官学校でルイス・ゴゼット・ジュニア演じるフォーリー軍曹を何度も怒らせる。フォーリーはメイヨを退学させようと、過酷な訓練を課し、耳元で「早くやめてしまえ！」と怒鳴り続ける。痛みと極限の疲労のなかで、メイヨは叫ぶ。

「やめません！　どんな苦しみを与えられようとも！　やめません！」

ここでは、やめることが、ジョアンナが職場を立ち去るときとは逆の感情をもたらすものとして描かれている。やめることは、『リストラ・マン』では自由を意味したが、『愛と青春の旅だち』では落胆を意味している。士官学校をやめれば、メイヨは仲間や、自分の居場所、アイデンティティを失ってしまう。私たちはジョアンナが仕事を放り出して職場を立ち去るのを応援したが、もしメイヨが同じことをしたら、がっかりするだろう。私たちは、何かをやめることに相反する感情を抱いている。プレッシャーを感じて、その場から逃げ出すことは、時には解放感が得られるが、時には罪悪感に苛まれる。こうした映画のシーンは、私たちが何かをやめたときにどんな感情が湧き上がるかをシミュレーションするものになる。

やめることが好意的に描かれた映画は少なくない。『ブリジット・ジョーンズの日記』

（2001）には、レネー・ゼルウィガー演じるブリジット・ジョーンズが、ヒュー・グラント演じる横柄な上司に、「ここで働くことが、あなたから10メートル以内の場所で働けということなら、はっきりいってサダム・フセインのお尻を拭く仕事のほうがマシよ」と、公然と捨てゼリフを吐いて職場を去るシーンがある。また、悲喜こもごもの瞬間がちりばめられた『ザ・エージェント』（1996）では、トム・クルーズ演じるジェリー・マグワイアが、自分について来るよう同僚に呼びかけながら堂々と退職する（ただひとり、レネー・ゼルウィガー演じるドロシーがついてくる）。

2022年のテレビシリーズのシチュエーションコメディ『ピボッティング（Pivoting）』では、ひとりの友人の死をきっかけに、仲間たちが郊外での生活を投げ捨てて、未知の世界へ手探りで進んでいく様子が描かれる。この映画の見どころは、登場人物たちが常識的な考えと決別することだ。マギー・Q演じるセアラは外傷外科医としてのキャリアを捨て、スーパーマーケットで最低賃金の仕事をすることで、人生で初めて幸福を覚える（夢物語だと思うかもしれない。でも、救命救急医をしている私の友人は、今までに見たテレビドラマのなかでこれが一番好きな場面で、自分もスーパーで働きたいと言っている。1週間の夜勤明けには特にそう思うらしい）。

とはいえ、やめることが否定的に描かれている作品のほうがはるかに多いのも事実だ。2021年のテレビシリーズ『アボット エレメンタリー（Abbott Elementary）』の初回エピソードの冒頭では、定規や鉛筆、コーヒーカップなど私物を詰め込んだ小さな段ボール箱を抱えて学校の正面玄関から出てきた教師が、後ろを振り返ることなく、都市部の荒廃した公立小学校に向かって中指を立てるシーンが登場する（ジョアンナの去り際のシーンとは違い、この場面にはモザイクがかかっている）。彼女は自分の手には負えないという理由で、子どもたちを見限ったのだ。この類いの「やめる行為」は、立派とは言い難い、浅ましく、身勝手なものだ。

前述したライターのゼムラーは、このようなシーンを見ることには癒やしの効果があると述べている。「お気に入りの登場人物が何かをやめるのを見て、視聴者はそこに不屈の精神や大胆さを感じる。そして、自分も同じように思い切った行動をとってみたいと思う。先の知れた、意味のない仕事をやめたいと思っているのは自分ひとりではないと励まされたりもする。意義のある仕事でも、ストレスがたまりすぎている場合も同じだ」

映画やドラマが映し出す心

映画やドラマで仕事をやめる行為が描かれるときはたいてい、『リストラ・マン』のジョアンナのように、職場への拒絶感が最高潮に達した登場人物が、勢いに任せてその場を去っていくという痛快な始まり方をする。だがその後、やめた瞬間の喜びが収まり、先の見えない深刻な事態に追い込まれたことに気づくと、登場人物は動揺し始める。不安が湧き起こり、無鉄砲なことをしでかしてしまったという恐怖に襲われる。仕事であれ、結婚であれ、感情に任せて捨て去ってしまえば、興奮は味わえるだろう。やぶれかぶれな行動は刺激的だ。だが、そこから得られる快感は一時的なものなのだ。

やめる——その瞬間

テレビシリーズ『The Colbys』で、コンスタンス・コルビー・パターソン役を演じたんだけど、第1シーズンで降板したの。だって、毎週同じようなセリフしかなかったから。私の演技に違いがあるように見えたとしたら、それは毎回違う衣装を着ていただけ。コンスタンスはどこへもいかなかった。でも、私はそうじゃなかった。だから、やめたの！[4]

——バーバラ・スタンウィック（俳優）

やめる瞬間は愉快で格好がよくても、その先には現実が待ち受けている。映画の終わりで、衝動的にすべてを投げ捨てた登場人物も、それを観ている観客も、「でも、これからどうなるんだろう？」という疑問を感じることがある。たとえば、『卒業』（1967）の有名なラストシーンでは、キャサリン・ロス演じるエレーンは式場の祭壇に立つ婚約者を残して、ダスティン・

ホフマン演じるベンジャミンとともに逃亡する。バスに乗り込み、並んで座ったとき、興奮が得体の知れない不安へと変わり、意気消沈する。ふたりは、「何てことをしてしまったんだ?」とでも言いたげな表情を浮かべる。やめることは常に代償を伴う。

『タミー』(2014)では、トラブルに見舞われ、仕事をクビになったばかりの主人公タミーを、メリッサ・マッカーシーが演じる。彼女は、世の中に「ふざけるな」と言い放ち、スーザン・サランドン演じる気の強い祖母と旅に出る。観客は最初のうちはそんなタミーのことを温かく見守っているが、次第に不安が忍び寄ってくる。次から次へと問題が起こってしまうのだ。何の問題もなく、予想通りに物事が進むことなどない。『エディ&ザ・クルーザーズ』(1983)では、マイケル・パレ演じるロック歌手が人気に拍車がかかってきたとたん、失踪してしまう。音楽をやめた理由については何も明かされない。これらの映画では、やめることは格好よくも面白くも描かれていない。登場人物たちは、やめたことによって絶望したり、緊迫状態に陥ったり、危険な目に遭ったりする。

人気の映画やドラマに「やめるシーン」が何度も登場するのは、それが人生で重要な位置を占めている証拠だ。私たちは、コメディを見て笑ったり、そこで流れた歌の歌詞を口ずさんだり、ドラマのシーンに深く感動しながら、やめるという行為が極めて重要で、人生を変える力があることを思い知らされる。ディラン・トマスの詩『あの快い夜へおとなしく入っていってはいけない』に出てくる瀕死の父親が、死に抗い、「光の滅びに逆らって荒れ狂う」姿に、読み手の心は揺さぶられる。ただしそれは、二通りの解釈のうちの1つにおいての話だ。

この詩を、最後のひと呼吸まで生きるために闘うことの重要性を力強く説いた、物事は絶対にあきらめるべきではないという切実な訴えと解釈する者もいる。一方で、必然的な死を受け入れることを渋っていると解釈する者もいる。あなたはどう評価するだろうか。何かをやめること（この詩の場合は、「人生」を）の問題は、心理テストのようなものだ。それにどう反応するかによって、誰もがいつかは通る道に対して自分がどんな態度を示すのかが示唆されるのだ。

引っ越しで生まれ変わる

「彼女にとって、今の生き方を肯定することは、他の生き方の可能性を否定することだった」[5]

――ダナ・スピオッタ著『わがまま（Wayward）』（未訳）の一文だ。この小説は、単純だが状況を大きく変える「やめること」を物語の中心に据えている。「彼女が何者であるにせよ――それは地球上にこの身体で53年生きている女性だが――もうこれ以上はやっていけなかった。彼女は人生を変える必要があった」

この小説の主人公は、睡眠障害に悩むアッパーミドル層の女性、サマンサ・レイモンド。他にも結婚生活から子育てなど、悩みの種は尽きない。夫の理解は得られず、ティーンエイジャーの娘からは無視され、実母は余命いくばくもない。サマンサは特にすることなく、時間を持て余している。彼女は人生を変えるために、何をしたのか？　古い家を買って、自力で引っ越したのだ。

彼女が今の生活に見切りをつけるのは、何のためだろうか？　引っ越しには大きなリスクがあった。手をつけてから初めてわかることがある、やらなければよかったと後悔するのは遅すぎるときがある。そのときにはもう取り返しがつかない。

『やめる《クイット》』は、ネガティブな言葉よ」とクリエイティブ・ライティングの教鞭をとるシラキュース大学の研究室で、この小説の作者であるスピオッタは言った。[6]「でも、やめなければ、新しい何かができないこともある。サマンサは古い家に呼ばれたのよ。別の人生の可能性に誘惑された。他の場所へ引っ越すことで、彼女は生まれ変わることができたの」

やめる——その瞬間

2年生のときに大学をやめた。作家になるために必要だと思ったから。かなり大胆な行動だったと思う。その後、離婚も経験した。人は気がつかないうちに、現状維持のために必死に努力をしている。周りから影響を受けないようにしながら生きている。そこから抜け出して初めて、自分がどれくらい以前の生活にはまっていたかがわかる。だから、やめるには思い切りが必要なの。

――ダナ・スピオッタ（小説家）

先の小説を書くうえで、スピオッタは次のことを試みたと語ってくれた。「『人は本当に過去を捨てられるのか』という問いに取り組んだの。それは難しいかもしれない。やり直すことや、幸せになろうと努力はできても、仕事や結婚生活をやめれば、社会的な裁きを受けるんだから」

やめることは「ドラマチックで複雑」なので、小説のプロットの仕掛けとしてはうまく機能する、とスピオッタは言う。「登場人物が何かから逃げたり、何かに向かって前進したりすると き、読者は次に何が起きるか予想がつかなくなる」

著名な作家の小説でも、スピオッタと同じ方法が採用されている。やめるという大胆な行為を通して再出発を図るのは、マーク・トウェイン著『ハックルベリー・フィンの冒険』（1884）で川を下るハック・フィンとジムから、F・スコット・フィッツジェラルド著『グレート・ギャツビー』（1925）で過去から逃避するジェイ・ギャツビーまで、古典文学の登場人物が編み出したものだとも言える。

このような小説を読んで、主人公の行動に「なるほど！」と思うか、「あり得ない」と思うかで、あなたが人生をどの程度自分の力でコントロールできると考えているかがわかるかもしれない。ギャツビーのように家族を捨て、ゼロから自分をつくり変えられるのか。ハック・フィンのように文明を捨て、筏《いかだ》で川を下ることで人生を変えられるだろうか。それとも、巡り巡って結局は元の場所に収まるのだろうか。

2022年、心理療法士のアダム・フィリップは、「ロンドン・レビュー・オブ・ブックス」誌に掲載されたエッセイ『あきらめること』のなかで、やめることは作品に活力を与えていると述べ、フランツ・カフカの文学作品、シェイクスピアの演劇作品、特に『マクベス』や『リア王』、ジークムント・フロイトのエッセイを例に挙げている。「やめることの歴史――それに対する人々の態度や執着、そしてその重要性を否定してきた経緯を見ること――は、私たちを形成する信念や命題を知る手がかりになるかもしれない」[7]

フィリップはリア王、ハムレット、マクベス、オセローのように、抑えきれない強い衝動にかられた悲劇のヒーローを「あきらめの悪さを示す最悪の例」と独創的に定義している。彼らは銃を持った悪漢よりも、復讐心や野心、嫉妬心といった感情にとらわれている。

やめるか、やめないかの緊迫感が、ドラマの理想的な主題になっている、とフィリップは続ける。

「やめるのは勇気がないからだと思われがちだ。人は物事を放棄せず、向き合ってやり遂げるという考え方を重視している。あきらめれば、誇らしい気持ちにはなれない。それは人としての理想的なあり方ではないと見なされるのだ」

だがハーマン・メルヴィル著『白鯨』で、本のタイトルにもなった白鯨を猛然と追いかけるエイハブ船長がしているのは、やめるのとは正反対の行為だ。エイハブにとって、「やめること」は成し遂げたいと強く願いながら、叶えることのできない目標なのだ。白鯨を追いかけ続けるのをやめられないことが、彼の苦悩の原因だ。

同作は１８８１年が初版の古典小説[8]で、エイハブは「この名もなき、不可解な、この世のものとは思えぬものは何なのだろう。人を欺いても姿を現さない主君や主人、残酷で容赦のない皇帝が命じているのだろう。自分が貫き続けたすべての自然への愛と憧れに背いて、しじゅうおのれを押しまくり、急かし、突き飛ばし続け……」とがなり、航海士のスターバックに不平を漏らしている。

物語のなかの「クイット」

前述したカントリーバラード『もうこの仕事はうんざり』は、モーツアルトの『ドン・ジョバンニ』とはずいぶん違うが、どちらもやめることがテーマの音楽だ。後者では、ドンナ・エルヴィーラがジョバンニに女癖の悪さを改心するように懇願するが、失敗する。彼が心を改めることはあり得ないと悟った彼女は、お手上げだと降参する。ドン・ジョバンニは淫らな行為のために重い代償を払う。地獄に引きずり込まれ、とうてい理想的とは言えない老後を送ることになる。そして、ドンナ・エルヴィーラは修道院に向かう。

この要約は、シカゴ・リリック・オペラで四半世紀近く文芸顧問を務めたロジャー・パインズによるものだ。やめることがテーマの有名なオペラは何かと私が尋ねると、パインズはすらすらと作品名を挙げていった。特に注目すべき作品を以下に紹介しよう。

ヴェルディ作『椿姫』では、ヴィオレッタは高級娼婦としての人生を捨ててアルフレードとの結婚生活に幸せを求めるが、やがてそれをあきらめる。ジャック・オッフェンバック作『ラ・ペリコール』のペリコールは恋人であるピキーヨとの路上生活をやめたし、リヒャルト・ワーグナー作『ラインの黄金』ではアルベリヒは自分でつくった指輪を手放さざるを得なくなる。「アリベリヒが呪いをかけたせいで、すべての災いが始まり、3部のオペラが続くんだ」とパインズは解説する[9]。愛であれ、幸福であれ、人生であれ、やめることはオペラの肝だ、とも。

やめる――その瞬間

18歳のとき、「もう楽器の演奏はやめた」って思ったの。それまではクラリネットに情熱を注いでいて、心底それが好きだった。「私はこれが何より得意！」という自信もあった。でも、自分の生きる道を見つけてお金を稼がなくちゃ、って考えたの。子どもの頃はすぐに物事を投げ出していた。完璧主義が原因だったと思う。先週、クラリネットを手に取った。実に40年ぶりよ！　すぐに昔の感覚がよみがえってきたわ。[10]

――ダイアン・ケーシー

1853年に出版されたメルヴィルの魅惑に満ちた短編小説『バートルビー』では、全編にわたって「やめること」が影を落としている。この小説は、やめることが『白鯨』とは対照的に描かれている。エイハブは、やめたいがやめられない。一方で、バートルビーは次々とやめていき、最終的にはやめることしかなくなる。そしてどちらも、最上とは呼べない運命を辿る。

〝寡黙で謎めいた〟男、バートルビーは、ウォール街の法律事務所に書類の代書人として雇われる。最初のうちは仕事を受け入れていたが、「やらずにすめばいいのですが」と無表情で仕事を断ることもあった。次第にエスカレートして、何も仕事をやりたがらなくなる。「そしてついに、私の勧告の返答として、今後一切、代書はやめると知らせてきた」と、語り手は回想する。[11]結局、バートルビーは強制的に事務所から追い出されることになった。

バートルビーは獄中で息絶える。「壁の下のほうに寄り添うように、膝を引き寄せたまま横向きに寝て、頭は冷たい石に触れている」。彼の生き方――やめること――は、最後にはその死に方にも表れてしまう。

バートルビーのやめ続ける姿勢に共感しない人は、ジョン・アップダイクの短編小説『A&P』の語り手を参考にできるかもしれない。この物語の主人公は威勢よく仕事をやめるが、結局それは無駄な行為になってしまう。1961年に「ニューヨーカー」誌に初めて発表されて以来、このほろ苦い物語が絶えずアンソロジーの対象となるのは、仕事をやめることのドラマが今もなお魅力的であることを証明している。

『A&P』の語り手は小さな食料品店で仕事をする青年だ。夏の午後、水着姿の3人の若い女の子が店にふらりと入ってくる。その非常識な格好を見て、気難し屋で年寄りの店長は眉を顰《ひそ》め、女の子たちに注意する。すると、語り手の青年はとっさに勇敢な行動をとる。抗議として、「背中のエプロンのひもを解いて」店をやめたのだ。[12] 物語の最後、彼は職を失くし、女の子たちとも二度と会うことはないことを自覚する。そして「僕の胃は重く沈んでいくように思えた。この先どんなに厳しいことが待ち受けているのか」と、悲嘆に暮れる。

文化がもたらす悪影響

文化は重要だ、と生物学者のハインリッチは語る。「人は単なる遺伝子の産物ではない。私たちは、社会や文化が生み出すアイデアの産物でもあるのだ。アイデアは私たちに永続的な影響を与えている」

ただし、それらの影響は常にポジティブなものとは限らない。とりわけ忍耐についてのイメージにはそれが当てはまる。社会心理学者のプライスは忠告する。「勤勉に働いて成功し富を得る登場人物を描いて人気を博した19世紀の小説家ホレイショ・アルジャーの作品と同様に、今日の大手メディアはいまだに勤勉さを褒めたたえ、怠惰であることを過度に軽蔑している」[13]

さらに悪いのは、インスタグラムのインフルエンサーやユーチューブの有名人が、やめずに物事を続けてさえいれば、いずれ彼らのようにお金持ちで有名になれると主張していることだ。プライスは以下のように記している。

「スターたちが、大成功を収めたのは努力したからだと言うことで、若者たちに非現実的な期待を抱かせてしまう。実際には成功には運が大きく関わっているし、米国で大きな富を手に入れられる人もごくわずかしかいない」[14]

私たちはスクリーンの青い光を浴びながら、「やめたらダメだ」「努力することは素晴らしい」といった、社会や文化によるメッセージを受け止めている。脳は無意識にこうしたイメージやアイデアを吸収している。そして、映画の登場人物に自分の身を重ねている。だが、人気のスーパーヒーロー映画と同じように、忍耐にもその起源となるストーリーがある。つまり、頑張り通すのは良いことで、あきらめるのは悪いことだとする考えはつくられたものなのだ。それはある目的のために、つくり出され、育まれて、理想的な物語へと巧妙に変化を遂げた。

しかし、どこで、誰が、そして何のためにそうしたのか？　次章ではそれを見ていこう。

QUITTING許可証

『プリティ・ブライド』を何度も観たという人もいるだろう。『ブリジット・ジョーンズの日記』でレネー・ゼルウィガーがヒュー・グラントに物申す場面を観ながら、ガッツポーズをしたという人も。

やめるシーンを目にすると気持ちが大きくなって、人生を変えようという気になることがある。

あるいは、逆に不安な気持ちに襲われるかもしれない。

お気に入りの「やめるシーン」を見直してみよう。

自分がそれにどう反応するかが、何かを変えることをどれくらい好ましく思っているかを探るための良い指針になるはずだ。

第2部

なぜ、「Quitting《やめること》」は悪い言葉になったのか

「努力すれば成功できる」と謳えば、
社会の不平等を正当化できる。

——アダム・グラント（心理学者）

第4章 忍耐は、なぜ重視されるようになったのか

「勝者は決してあきらめない。あきらめる者に
勝利はない」という格言を知っているかい？
ぼくのやってるフリーコノミクスラジオでは
それに疑いの目を向けている。本当にそうなのか。
あきらめることだって戦略の1つに
なるかもしれないし、
時には最善策にだってなる、ってね。

――スティーヴン・J・ダブナー
（ラジオのホスト、ジャーナリスト）

「シカゴ・トリビューン」紙時代の私の元同僚、ヘザー・ストーンの言葉には、生まれ故郷のケンタッキー州の訛《なま》りがかすかに混じっている。南部特有のそよ風のような優しい響きがあり、特定の音節が曖昧に発音されるのだ。とはいえ、普段の彼女は典型的なシカゴアクセントだ。多くの人生経験を重ねたきた彼女は、単刀直入に何でも忌憚なく話す。

「あの頃は人生のどん底だったわ。うまくいく気がしてたから、向こう見ずな行動をした。何

とかはなったけど、描いていたのとは違った。正直、大失敗したと思った。でも、あとに引くつもりはなかった。自分で決めたことだもの。現実を受け止めるしかなかった」[1]

ストーンと私は、ある夏の日曜の午後に再会して近況を語り合った。ストーンは最近パートナーのカイとフロリダ中部に引っ越したばかりだ。ミシガン湖畔で数十年間も極寒の冬を過ごしてきたのだから、大きな変化だ。

「窓の外に目をやると、サルオガセモドキとヤシの木が見える。高層ビルは1つもないの」

ストーンはグリルチーズサンドイッチをこしらえながら、好きな仕事をやめ、生きる道を探した体験を話してくれた。彼女はトリビューン紙の写真部員として、エチオピア、エジプト、日本、ポーランド、フランスと世界を飛び回ってニュースを追っていた。でも、その仕事に満足できなかった。

「今にして思えば、すべては起こるべくして起こったのね。さすがに当時はつらかったけど」

2008年、トリビューン紙に勤めて十数年経った頃、ストーンは仕事をやめ、シカゴでカメラマンとして独立した。「意気揚々と仕事をやめたわ。バラ色の人生が開けたと思った。自分を信じて冒険してみたの」

同じ都市に住み、職業も変えないのだから、そこまで思い切った行動とはいえないかもしれない。だが家族からは猛反対された。

「何だって？　自分にぴったりの仕事をやめるなんて！」

独立後の仕事はそこそこうまくいっている程度だったが、多額の住宅ローンを抱えていた。うまくお金をやりくりできなかった。ストーンは焦り、銀行も不安を覚えた。

結局、ストーンはトリビューン紙に復帰した。今度は写真部員ではなく写真ラボの技術者としての勤務だった。給料は以前の半分。フランスやエジプトへの出張もない。

「恥ずかしかったわ」

ローン返済のめどがついた頃、再び会社をやめた。そのとき、私生活でのパートナーで同業者のカイも、同じことを考えていたことに気づいた。彼とふたりで、今こそ行動を起こすべきだと決意を固めた。

中西部のどんよりして陰鬱な冬を経験してきたふたりは、とりわけフロリダに興味を惹かれた。「絶好のタイミングだったから、移住に踏み切ったの。シカゴに住んで20年、もう十分やれることはやった。これからは何か別のことをしようって」

当初は賃貸住宅に住むことを予定していたが、理想的な家を見つけたので購入した。

現在、カイはウェディングムービーを制作する安定した仕事をしている。ストーンは次の仕事をどうするか決めかねている。カメラを使わない仕事であることだけは確かだ。

「フロリダでは生き方を変えるつもりなの。学校に入り直すかもね。何かに挑戦したいの」

ストーンは笑う。「遠回りしたけど、挽回するつもりよ。臨機応変に生きていくわ」

19世紀の人生哲学『自助論』の絶大な影響

タイムスリップしてヴィクトリア朝中期のロンドンに行き、ストーンの冒険心あふれる人生の物語を聞かせても、作家のサミュエル・スマイルズは感心しないだろう。首を横に振って顔をしかめ、「そんなものはダメだ」とつぶやくにちがいない。当時の紳士が好んだダブルブレストのフロックコート姿で、汗を流しながら熱弁を振るうかもしれない。

「仕事をやめる？　しかも三度も？　まったく新しい方向に進むつもりだって？　『臨機応変に生きる』なんて、バカげた考えだ！」

1859年、スマイルズは、『自助論』を上梓した。スマイルズは、ストーンのように途中でキャリアを変えるのとは逆のことを熱心に説いた。『自助論』は、忍耐力は何よりも大切であり、それなしでは幸せで豊かな人生は送れないという考えを世間に広めた。この本には、技術者から陶芸家、地質学者、船長に至る様々な職業の成功者たちの感動的な伝記が記され、励みになるたとえ話や言葉がふんだんに盛り込まれている。『自助論』は大評判となり、人々は先を争うように買い求め、この本を肴《さかな》に酒場で熱い議論を交わし、家の応接間でも頻繁に話題にした。

21世紀の社会では、なぜ「やめること」は失敗の同義語と見なされ、なぜ「あきらめる」という言葉を使うときに人は恥ずかしさを覚えるのだろう？　その答えを探すためには、スマイルズが痛風や動悸を治す万能薬を売り歩く行商人のように忍耐論を広めていた19世紀半ばまで遡らなければならない。

1812年、スコットランドに生まれたスマイルズは、何事もやり通すことを信条にしていた。方向転換は禁物で、挫折は冷笑すべきであり、壁は突破し、懸命に働き、何があっても絶対やるべきではないと考えていた。

「スマイルズは絶好のタイミングで自己啓発の市場を開拓した[2]」

カナダのアルバータ大学の英文学教授で、オックスフォード世界古典叢書版『自助論』の序文を執筆するほど「根性論《グリット》」の歴史に詳しく、19世紀の英国の文化事情にも精通しているピーター・シンネマは考察する。

当時の英国は産業革命によって社会が激変し、ひと握りの人が莫大な富を築く一方で、大半の人々は極度の貧困にあえいでいた。思慮深く感性の鋭い読書家のなかには、この大きな富の格差を是正する方法が必要だと考える者がいた。ここに目をつけたのがスマイルズの稀有な才能だった。彼は、読者が求めているのは退屈な道徳的教訓ではなく、成功者がどのように努力して出世したかを生き生きと描いた物語だと見抜いていた。

「スマイルズは大衆が求めていた、ニッチな市場を創出した。成功者の人生を感動的な物語にすることだ。急成長する競争の激しい経済のなかでは、躊躇せずに前に進まなければならない。当時の人々にとって、『誰かにできるなら自分にもできる、頑張れば成功できる』というメッセージは魅力的だった」

もちろん、その逆も然りだ。成功しないのは、努力が足りなかったからだ。ためらって行動しない無気力な人間は、幸せになれない。最悪なのは、途中であきらめることだ。

『自助論』が刊行された同年、チャールズ・ダーウィンが『種の起源』を上梓した。「同書は、地球上での人類の位置づけに大きな示唆をもたらした」とシンネマは言う。ダーウィンの思想は、竜巻のような勢いで科学界の古い定説を吹き飛ばした。同じことを、スマイルズは文化界でやってのけた。『自助論』のなかで、スマイルズは勤勉と忍耐が価値ある人生をもたらすと主張し、運や家柄に恵まれることなどは成功とは無関係だと一蹴した。スマイルズは続編の『向上心』（1871）などを書き、成功は自分の努力次第という主張を繰り返して人気を博した。

失敗するのは自分の責任であり、他人のせいでも政府や裁判所のせいでもない。スマイルズは『自助論』のなかではっきりと主張する。「どんなに厳しい法律をもってしても、怠け者を勤勉に、浪費家を倹約家に、酔っ払いをしらふにはできない。このような変革は、行動を改め、倹約意識を高め、自制心を持つことでしか成し遂げられないものである。つまり権利を主張するよりも、良い習慣を身につけるほうが効果的なのだ」

『自助論』に登場する人々の物語はどれも、「運命は自分自身の手のなかにある」というメッセージを伝えている。お金持ちにも権力者にもなれず、現状に満足していないのなら、それはこの本に登場する人々のような努力が足りないからだ。汗も流さず、犠牲も払っていなければ成功はない。行動すれば運は引き寄せられる。誰かのせいにしてはダメだ、と。

政治家であり科学者でもあったベンジャミン・フランクリンは〝自己啓発運動の守護聖人〟と俗に呼ばれている。ウォルター・アイザックソンも評伝中でそう呼んでいる。[3] たしかに、フランクリンの『プーア・リチャードの暦』（ぎょうせい）は『自助論』が登場する1世紀以上前の1732年に初版が発行されている。アイザックソンは、『プーア・リチャードの暦』は「人生やビジネスで成功するシンプルなルールや秘訣を取り上げた本で、今日まで続く自己啓発ブームの発端となった」と書いている。この本は『自助論』と同じくよく売れ、アイザックソンが〝一流の道徳的な処世訓〟と呼ぶものや、レシピやトリビア、ゴシップなどのネタなども含まれていた。

しかし、『自助論』はまったくの別物だ。成功するための体系的で極めて詳細な戦略が書かれている。説教話やもっともらしい箴言《しんげん》、『プーア・リチャードの暦』のような面白おかしい話が書かれているわけでもない。『自助論』の目的は楽しませることではなく、成功物語によって読者を刺激し、意欲を高めることだ。「名だたる発明家や芸術家、思想家、他の職業人は、根気よく勤勉に、懸命に働いたおかげで成功したのである」とスマイルズは書いている。

スマイルズのこの大胆な主張は、19世紀末から20世紀にかけて時代に大きな影響を及ぼした。貧富の差は貧しい者自身のせいであり、私欲にまみれ、腐敗し、良心が欠如した支配階級のせいとはされなかった。『自助論』は富裕層の味方になった。21世紀でも、この考えは世間に根強くはびこっている。

「ポジティブ病」がはびこる現代

あなたは今、こう思ったかもしれない。「なるほど、面白いね。でも、このスマイルズという男の言うことが、私が今の仕事が嫌で、思い切ってやめようかどうか悩んでいることと何の関係があると？」

あらゆる面で、関係がある。

なぜなら、『自助論』の影響がなければ、あなたはやめることに対して躊躇していなかったかもしれないからだ。とっくの昔に会社をやめ、牧場でも営んでいるかもしれない。だが実際には、やめることは、スマイルズの時代から根強く広まってきた世間一般の考えに抗い、自分の生き方を貫くことを意味する。『自助論』は、〝やめること〟を単なる選択肢からモラルに反する行動に変えた。このことは、人々の人生観に極めて重要な変化をもたらした。

成功するかどうかは、様々な要因が絡み合った結果（家柄や、生まれ持った身体的・知的な才能など）ではなく、努力するかどうかで決まるという考えが常識になったのだ。現代にも、このスマイルズの主張の影響は根強く残っている。不満や行き詰まりを感じると、自分の努力不足を責めてしまうのだ。

今日では、スマイルズの名はあまり一般的には知られていないかもしれない。だが、「幸せで有意義な人生を送るには自助努力が必要だ」というそのメッセージは、今もなお世の中に浸透している。「努力して望む人生を手に入れる」という考えは、人々を動かす原動力になっているのだ。近年、急成長しているライフコーチのサービスも、まさに自助努力の考え方から生まれたものだ。今の時代にスマイルズが生きていたら、フロックコートと刺繡入りの襟つきシャツではなく、ヨガパンツと快適なTシャツという格好のライフコーチになっていたかもしれない。もちろん、彼は顧客を獲得するための熾烈な競争に加わらなければならないだろう。

2007年、ブルック・カスティーロは、「ガーディアン」紙から「ライフコーチ界の女王」という称号を与えられた。[4] 彼女は「セルフエンパワーメント」(自らへの理解を深めることで、意欲や能力を高めようとすること)という概念をポッドキャストや書籍、オンライン講座などの媒体を通じて広め、莫大な利益を上げ、自分と同類のライフコーチを増やし続けている。2017年から2019年にかけて利益は4倍になり、運営するライフコーチ学校の粗利益は2020年には3700万ドルに達した。ジャーナリストのレイチェル・モンローによれば、カスティーロの顧客は次のように教えを受けている。「問題の原因は、嫌な上司や意地悪な義母といった外側にあるものではなく、あなた自身の考え方のなかにあるのです」

しかし、こうした意識の高い完璧主義には暗黒面もある。まず、自分が定めた幸福や富の基準に達していないと、自信を喪失したり、羞恥心に苛まれたりしやすくなる。なぜなら、望むものを手に入れられないのは、自分の頑張りが足りなかったからだと思ってしまうからだ。

気持ちが落ち込んでいるときには特に注意が必要だ。英国の心理療法士兼小児科カウンセラーのジュリア・サミュエルは、その著書『大切な人を亡くしたあなたに』(辰巳出版)で以下のように書いている。

「私たちの社会には、悪いことがあったら何でも修正して、より良い方向に変えられるという考えがある。悲しみはこうした考えの正反対に位置するものだ。悲しみは、つらい出来事に向き合い、それを耐え忍び、世の中には自分の力ではどうにもならないことがあると教えてくれるものだ[5]」

完璧であることが強く求められている社会では、こうした負の感情をしっかりと味わうのは難しくなる。米国のように、元気や意欲、楽観主義が重視される国にとっては、特にそうだ。米国西部における移民の苦難と危機を描いた小説、ウィラ・キャザー著『マイ・アントニーア』(みすず書房)の新装版の序文で、シャロン・オブライエンは「米国人は前ばかり見て、将来のことばかり考えている」と述べている[6]。「この考えは、常に新しいモノに囲まれていたいという欲求を刺激するための宣伝に、露骨に、ご都合主義的に利用されている。化粧品や、ランニングシューズ、ダイエット用品、育毛剤、キッチン家電などの広告は、これらのモノを手に入れれば、自分を変えられ、取り戻せると謳っている」

「あきらめてはいけない」が常識になった社会

作家のブラッド・スタルバーグは、完璧であり続けようとすることで疲弊してしまった人たちを目の当たりにしてきた。フィットネストレーナーでもある彼は、近著の『自宅で実践（The Practice of Groundedness）』（未訳）のなかで、自身が指導している優秀な人々の多くが、疲労困憊し、ストレスを抱えていると書いている。彼らは毎日駆けずり回っているのにいっこうに前進している気がせず、目標を達成すればするほど虚しさを感じている。だが、やめようとも、軌道修正しようともしない。そうすれば、周りに後れをとってしまうと思っているからだ。

スタルバーグは、問題の元凶は、完璧なヒーローのような人間になることが称賛される社会の風潮にあると言う。[7]「そこでは常に、もっと成功しろ、もっと良い気分になれ、もっとポジティブになれという囁き声が聞こえる。男は完全無欠の存在であることが求められ、女性も常に無理な要求に応え続けなければならない」

やめる――その瞬間

2007年4月6日の朝、私は自宅兼仕事場の床に血まみれの状態で倒れてた。1階に下りようとして歩いていたら、机の角に頭をぶつけ、瞼《まぶた》を切り、頬骨を折ってしまったの。原因は疲労と睡眠不足。転んだ後、自問してみた。これが成功？　これが望んでいた人生なの？　何かを根本的に変えなきゃいけないって気づいたの。[8]

――アリアナ・ハフィントン（作家・コラムニスト）

「目的を達成し続ける超人であれ」というプレッシャーの歴史は長い。

スタルバーグはこう記している。

「表面的なものが変わっただけで、中身は昔から何も変わっていない。努力し向上心を持つのはいいことだが、それは自分自身や周りを大切にするという価値観に基づいているべきだ。そうでなければ、極めて有害になる。惨めさを感じたり、周りに悪影響を及ぼしたりするのなら、目的を達成しても意味はない。そんなことをするのはただの愚か者だ」

私たちは「やめてはいけない」というメッセージを毎日受け取る。ところが、スタルバークはそれに耳を貸す必要はなく、むしろ戦略的にやめるのは英雄的な抵抗の示し方だと言う。「人生には他人が定めた基準がたくさんある。でも、自分自身が定めた基準に目を向けることも大切だ。自分の考えを優先させて、他人から良い評価を得ている何かを途中でやめるのは簡単ではない。そのためには、相当の勇気が必要になる」[9]

「やめる」「後退」「軌道修正」――。

どれも人生の基本的な戦略であり、これらを重視するというのは、世の中を食うか食われるかという場ではなく、誰もが時々勝者にも敗者にもなる場としてとらえることである。人生はひとりでの登山ではない。人生とは同じ不安や悲しみを抱えながら仲間とともに歩む道のりなのだ。

小説家のマシュー・スペックターは、2021年の「ザ・ミリオンズ」誌のインタビューで以下のように語っている。

> 自分を偽らずに生きていると、失敗が起こりやすい。目標を達成できない。人間関係が悪化する。職を失う。友人や子どもを失望させる。病気を患ったり、喪失感を味わったりする。だが、このようなことは、実際に起こる。誰にでも起こることなのだ。
> それでも、運が良ければ、うまくいくこともある。そして、悪い経験と同じように良い経験を受け入れていけば、人はもっと柔軟になれる。失敗してもそれほど落ち込まないし、成功しても浮かれたりしなくなるのだ。[10]

しかし、スマイルズはこの類いの柔軟性を重視していない。むしろ、その逆の〝頑なさ〟を推奨し、ひたすら妥協せず、あきらめずに努力すべきだと訴えた。

「人間は自らの幸福のために積極的に行動すべきだ。幸福を得るには、善行を積むこと。それが昔からの常道だ」[11]
現代でも、宗教家、栄養士、医師、スポーツ選手、セールスマン、有名人、大学教授、評論家など多様な人々が、書籍や新聞、雑誌記事、ウェビナーやポッドキャストなどの媒体を通じて、「あきらめずに続けろ」という昔から変わらないメッセージを伝えている。

自己啓発書に挫折する

その人は59ページで読むのをやめていた。

その人がどこの誰なのか、どこに住んでいるのか、何の仕事をしているのか、私にはわからない。髪の色も、乗っている車の車種も。でも、その人の希望がどこで潰《つい》えたのかは正確にわかる。書き込みがそこで止まっていたからだ。

私が古本屋で定価の4分の1の価格で手に入れた、リック・ウォレン著『人生を導く5つの目的』（パーパス・ドリブン・ジャパン）には、59ページまで、前の持ち主が気に入った箇所にオレンジの蛍光ペンでやる気満々で下線を引いた跡がある。段落全体を大きな円で囲んだ箇所もある。この人の興奮が伝わってくるようだ。

きっと「そう、その通り、これだ――！」と心のなかで叫びながら読み進めたのだろう。

次から次へとページをめくり、章から章へ読み進め、余白に感嘆符が書き込まれていく。残りの余白部分にはチェックマークが入れられている。読み手は力強く「そうそう！」とうなずいているのだ。ページの下には、本文の内容を要約する言葉が走り書きされている。たとえば、興奮のままに、「人生とは何か、その理由を見つけよう」と書かれている。

それが、突然すべて止まっている。

59ページ、第7章が終わったところだった。章の終わりの余白には、乱暴な字で怒りの言葉が書き殴られている。

「神に自分を捧げろというのか？」

そして、第8章以降のページを開くと、そこには……。

沈黙――。

感嘆符もチェックマークもない。丸で囲んだ箇所もなければ、余白に本文の内容を書き換えた言葉も書かれていない。

残りの321ページ（付録などを除く）は手つかずの状態だ。傷も、汚れも、線も、点も、メモも1つもない。小さなコーヒーの染みも、偶然はさまったまつ毛もない。

この読者の身に起こったことは推測できる（ひょっとしたら亡くなったのかもしれない。だが、ここでは最も可能性の高い推測をしてみよう）。

そう、この人は途中で読むのをやめた。

私は、この名も知らぬ人を非難するつもりはまったくない。自己啓発書を最後まで読み通す人は、私を含めて多くはない。健康法を長続きさせられる人が限られているのと同じことだ。真面目に読み始めたとしても、途中で挫折してしまう。自己啓発書は、「物事を途中で投げ出さないような人間になるにはどうすればいいか」という目的を持って読み始めるものでもあるから、読むのを途中でやめてしまうと、二重の意味で自分にがっかりしてしまう。

では、おそらくはコストコのお得用パックで買った強い香りつきのオレンジ色のマーカーを握りしめ、期待に胸を膨らませて『人生を導く5つの目的』を読み進め、途中でやめてしまったこの人は、やめた後、この挫折にどう対処したのだろうか？

まず、本を読んだことの証拠を捨てた。自分の目に触れないように、本をリサイクルショップに売り払ったのだ。「やめること」についてどのような本が書かれているかを知りたい私にとって、リサイクルショップは新旧の自己啓発書を探す格好の場所だ。古本屋やガレージセール、教会の慈善バザーを見かけると、相棒のホンダ車を停めてなかを覗くようにしている。こういった売り場では、自己啓発書は他のどんなジャンルの本よりも多く売られている――歴史や伝記、SF、ロマンス、宗教、ホラー、料理の本よりも。このことは、自分を向上させ、改善したい、もっと幸せになりたい、愛されたい（そして何より、痩せたい）という人々の願いの強さを痛ましいほど証明している。しかし、それは同時に、こうした書物の多くがいかに読者にとって物足りない内容であるか、ジャンクフードのように食べる前よりもお腹が空いてしまうものであるかも示唆している。人々は、自己啓発書を手に取っては途中で放り出し、次の1冊を探そうとすることを繰り返しているのだ。

とはいえ、自己啓発書の根底には、興味深く、示唆に富み、まっとうな楽観主義がある。私は最近、そのことに気づいた。誰かが、もっと良い人間になりたい、もっと良い行動をしたいと思っているのなら、それに反論することはできない。

このジャンルの書物を研究している学者のアナ・カタリーナ・シャフナーは、「ガーディアン」紙に寄稿した記事のなかで、「自己啓発書には、物事がうまくいかないのがすべて個人のせいで、失敗は意志の力や回復力（レジリエンス）の欠如から起こるとされるという批判がある」と述べている。[12]だが、良い面もあるという。「自分を向上させたいという願いは、自分を知り、能力を高め、自分を変えていくことにつながっている。これは人間にとって時を超えた願いであり、人を人たらしめている不可欠な要素である」

弁護士兼作家のウェンディ・カミナーも同じ考えだ。彼女は自己啓発ブームに対する機知に富んだ批判本[13]の著者だが、それでもこれらの本に人を引きつける魅力があることも認めている。「人は誰しも戸惑いながら生きている。だから、自称専門家の『迷うことはない。間違いなく成功する法則を伝授しよう』という言葉に吸い寄せられるんでしょう」[14]。そして、この法則には、「やめないこと」というシンプルな要素が含まれている。

『思考は現実化する』と『積極的考え方の力』 ——自己啓発書の元祖

現代の自己啓発書ブームの起源は、20世紀初頭の「ニューソート運動」（個人の幸福や成功に焦点を当てた、キリスト教の流れをくむ思想運動）にも見られる。この思想運動に影響を受けたものとして、とりわけ有名で（とりわけ「やめること」を執拗に批判している）、現代でも読み継がれている自己啓発書が2冊ある。これらはビジネスカンファレンスなどの会場で売られていることもあれば、おせっかいなおばさんからこっそり渡されることも、卒業祝いに贈られることもある。

すなわち、ナポレオン・ヒルの『思考は現実化する』と、ノーマン・ヴィンセント・ピールの『積極的考え方の力』だ。どちらも、米国の文化史に名を刻むほどよく知られている。今日のライフコーチの源流を辿ると、このふたりの著者の存在が大きく浮かび上がってくる。

この2冊に通底しているのは、「欲しいものを心に思い描けば、必ず手に入る」というメッセージだ。これは最近では、雪を戴いた山々の印象的な写真がポスターやスクリーンセーバーとして、「夢を抱けば、それは実現する」といったフレーズがつけられる形で用いられている。そのカギを握るのは、自分自身の努力、さらに言えば、「やめたい」という衝動を抑える力だ。

ヒルは述べている。「現実的な夢を描く者はあきらめない！[15]」

この本の初版は1937年に刊行され、それ以降、数えきれないほどの増刷を重ねてきた。ヒルは製鋼王アンドリュー・カーネギーから、巨万の富を築き、永続的に幸福になる秘訣を教えてもらったと主張している(だが1970年に他界したヒルに、カーネギーと面識があったという証拠はない。実際、ヒルの本が出版される頃にはカーネギーは亡くなっている。また、強く願うだけで大金を手にしたという多くの一般人の物語も、出所が不確かなものが多い)。ヒルは、「強い感情を伴う思考は、似通った思考を引きつける"磁力"になる」と力説している。あきらめない限り、どんなことも克服できる。誰も打ちのめされることはない――心のなかであきらめない限りは、とも綴る。[16]

ヒルは"忍耐"と題した章で、こう書いている。「大半の人は、うまくいきそうにないと思うと、すぐに目標を投げ出してしまう。忍耐力がなければ、簡単に失敗してしまう」[17]世界恐慌のような厳しい状況(現代なら、住宅市場の崩壊やインフレーションの加速など)にも、家族が病気で苦しんでいても、耐えるべきだ。ヒルは、職業を問わず、忍耐がなければ、どんな職業でも成功はできないと主張する。[18]

ヒルは、成功するために克服しなければならないという、人間の弱点を16個挙げている。たとえば、「無関心。問題に立ち向かおうとせず、簡単に妥協すること」「最初の失敗で簡単に挫けてしまうこと」などだ。

『思考は現実化する』は客引きが巧みに誘い文句を謳っているような響きがあるが、ピールの本はそれとは対照的に穏やかで落ち着きがある。メッセージはほとんど同じでも、優しいおじいさんが話しているような文体で語られると、ヒルの本ほどの暑苦しさを感じずに、喜びや成功、良き友人や愛すべき家族のいる人生を目指そうという気持ちになれる。この2冊は読者に訴える。人生で起こる出来事は、自らの思考が呼び寄せたものだ。思考は運命になる。だからこそ、やめようなんて考えてはいけない――。

ふたりとも自己啓発書を書く前は、話術が求められる仕事で能力を発揮していた。ピールは牧師で、ヒルはセールスマンで野心的な俳優でもあった。

ピールの『積極的考え方の力』は冒頭からぐっと引き込まれる。

「自分を信じよう。自分の能力を信じよう！」[19]

それ以降も、心を揺さぶり、行動を呼びかけるアドバイスが満載だ。「これから24時間、仕事や健康、将来など、あらゆるものについて希望をもって話してみよう」とピールは読者に語りかける。

私はピールの本を中古で買ったが、元の持ち主は、あるページの余白に1行だけ書き込みをしていた。それは『人生を導く5つの目的』の読者による、興奮気味のオレンジ色の書き込み（59ページまでの）とは違い、冷静な雰囲気が感じられるものだった。

その1行を偶然目にして、私はすぐに、1952年当時にこの本を新品で買った人の姿を思い浮かべた。その人は前日、夜中にキッチンでひとり、うまくいかない人生に大きな不安を覚えていたのかもしれない。

失意のなかで本を読み始めたその人は、次のようなピールの言葉に下線を引いている。「強く期待していることは、現実に起こりやすい。これは信頼できる原則だ。これが真実なのは、私たちが期待するものが心から欲しているものだからだ」

下線が引かれた一節の左横の余白には、その人が手書きで小さな星印とこんな言葉を添えていた。

「★私はエドに別れてほしかったのかな」

彼女がエドに戻ってきてほしいと思っていて、彼が愛すべき相手であれば、私も彼が戻ってくることを願いたい。

やめたから出世した男

ラジオ局勤めのポール・ピーターソンは、どんな自己啓発書にも、ただの一度も下線を引いたことがない。印象に残った箇所を丸で囲ったこともないし、ページの隅を折って後で読み返したこともない。そもそも、自己啓発書をまともに読んだことすらない。この手の本が嫌いなのだ。とりわけ、人から「ぜひ読むといい」と押し付けられるのが大嫌いだ。それは読みたくもないダイエット本が目の前にある状況に似ている。いったん目にしてしまうと、鏡の前で腹周りを心配してしまうことになる。

とにかくピーターソンは、成功や幸福を得るためのアドバイスが書かれたこの手の本が好きではない。とはいえ、人々が自己啓発書を買い求める理由はよくわかる。

「成功や幸せのための原則があるのは良いことだよ。人には何らかの指針が必要だからね」

ピーターソンは嫌な上司に何人も遭遇してきた。彼の言葉を借りるなら、〝エゴの塊のような奴ら〟だ。ピーターソンは上司に生き地獄を味わわされ、やっとのことでそこから抜け出した。でも、カリフォルニア州モデストで受けた嫌がらせだけは決して忘れない。上司からある自己啓発書を読むことを強要されたのだ。

「とんでもない駄本さ」[20]。ピーターソンは素っ気なく言う。「上司のオフィスの棚を見ると、これ以上ないくらい趣味の悪い自己啓発書がずらりと並んでいたんだ」

ピーターソンが憤ったのも当然かもしれない。彼は本からアドバイスをもらわなくても、問題なく生きていたからだ。才能があり、賢いうえに、必要に応じて戦略的に「やめること」もできた。35年にわたって何社ものラジオ局に務めたが、転職するたびに大きな局に移り、その度に給料も上がった。良い条件のオファーがあれば迷わず転職した。良いオファーは常に舞い込んできた。

「地に足がついてるタイプじゃないからね」

ピーターソンは笑いながら言った。「同じ場所にとどまろうとしないんだ」

だからこそ、ひたすら動き続けた。そして成功した。

アリゾナ州メーサで生まれ育ったピーターソンは、2つのことに夢中になって育った。ラジオで野球中継を聴くことと、ラジオでロック音楽を聴くことだ。共通項はラジオ、それが彼の一生の仕事になった。

「僕はラジオが大好きなんだ。最高に楽しい時間を過ごしてきた」

現在はアリゾナ州フェニックスに住む彼はそう言った。とりわけ、1980年12月8日の夜が忘れられないという。「ジョン・レノンが暗殺された夜だ。そのニュースが飛び込んできた瞬間、番組の放送中だった。世界中が大騒ぎになっていた。大勢の人が泣き叫びながら番組に電話をかけてきたものさ」

ラジオ局で働き始めると、彼は持ち前の鋭い機転を活かしてすぐに頭角を現した。「異例の早さで出世した。自分が大きく成功することについて、かなり現実的に考えるようになった」。まずはフェニックスの局に勤め、その後はカリフォルニアや、シカゴを含む中西部の多くの都市の局を渡り歩いた。

彼自身は自己啓発書全般を否定しているが、皮肉にも身内にはこのジャンルのビジネスに携わる者もいる。「叔父でラジオ・パーソナリティーをしていたアール・ナイチンゲールは、有名な自己啓発家だったんだ」

1960年から70年にかけて人気のあったナイチンゲールは全国放送の番組で、フランクな低音の声でリスナーのやる気を高めるような話をしていた。1989年に他界してからも、著書や音声テープを通じてそのメッセージを広めた。彼は『思考は現実化する』の考え方に大きく感化されて自己啓発の世界に足を踏み入れたことを認めていた。

この有名な叔父が生きていれば、別のラジオ局に転職するたびに説教されていたにちがいない、とピーターソンは言う。だが、成功のためにはやめることが必要だった。それは成功の階段を上るための手段だった。

「人生で大きなことを成し遂げたかったんだ」

放送の世界はその望みを叶えるのに打ってつけの場所だった。ピーターソンは笑いながら最後に言った。

「小さな声で話せない人間なんだよね、僕は」

やめる――その瞬間

ある日、上司に呼び出しを食らい、原稿にダメ出しをされた。怒りが込み上げてきた。「あなたには僕のしていることはできないでしょう」と言い放ち、上司の執務室の外で働いている同僚たちを指さした。「誰も僕の代わりにはなれませんよ」。興奮して、途中からは立ち上がりながら主張した。堰を切ったみたいに不満をぶつけた。自分のデスクに戻って、その日の勤務を終えた。帰宅後、上司に辞意を伝えるメールを送った。
――ポール・ピーターソン

試行錯誤が道をひらく

ローデンとマクヴィーは面識がない。1000マイルも離れた場所に暮らしているし、おそらくこれからも会う機会はないだろう。

唯一の共通点は、人生で何度も方向転換した経験があることだけ。

ふたりの「やめること」についての考えは正反対だ。ひとりは「やめること」を、人生を停滞させる錨《いかり》と見なし、もうひとりは人生を後押しする帆ととらえている。

ロン・ローデンは自ら認める探求者だ。中西部の町はずれに妻、犬2匹と暮らしている自宅の本棚は自己啓発書で埋め尽くされている。ローデンの口からは、これらの書物の言葉がスラスラと出てくる。スマートフォンで自己啓発系のユーチューブ動画を見たり、ポッドキャストを聴いたりすることも多い。

「僕は人生をかけて魂の探求《ソウルサーチ》をしている」とローデンは言う。[21]「理想を求めて生きてきたけれど、満足はできなかった。何度も職を変えてきたのは、やりがいを感じられなかったからさ」

私が「やめること」について人に話を聞いているのを知った彼は、古い履歴書を引っ張り出してくれた。「1986年の分まであるよ。その頃にした仕事のことはもう忘れてるな。それくらいいろんな仕事をしてきたってことさ」

履歴書には、実に様々な職務経歴が記されていた。遊園地やウォルマートでカメラマン。マクドナルドや食堂でのコック。工場勤務、電気技師、社交ダンスのインストラクター、マッサージ師、コンピューター会社のヘルプデスク、オフィスビル向けの飲料水の配達員、バーテンダー、長距離トラック運転手、不動産販売員、競売人――。カヌーやコーヒーテーブルの製造・販売といった起業家めいた仕事もいくつか。

「どれか1つの仕事を長く続けていればよかった。そうすれば、人生はもっとうまくいっていたかもね」

やめる――その瞬間

どうして僕は仕事を頻繁にやめてしまうのか？　たぶんそれは、人並みの人生では嫌だと思っていたからだろう。それが僕の原動力だった。人と違うことをしたかった。普通の人間であることにまったく興味がなかったんだ。

――ロン・ローデン

ローデンのスキルや経験した職種の幅広さは驚嘆すべきものだ。それぞれの仕事で大きな失敗をしたわけでもない。自ら退職し、次に進むことを選んだのだ。会社からは引き止められることが多かった。

とはいえ、自己啓発書には、職を転々とするのはよくないことだと書かれている。やめることは、本当にキャリアをダメにするのだろうか？　様々な職種を渡り歩くのは、それほど悪いことなのだろうか？　「インク」誌の２０２１年の記事は、そのことをきっぱりと否定している。「理想の仕事を見つけるのに慌てる必要はない」[22]。続けて、「キャリアの序盤ではいくつもの仕事を試してみるべきだ」という、あるエグゼクティブコーチの言葉が引用されている。記事は、より良い条件の仕事や、今とは違う内容の仕事を求めて職を変えるのはおかしなことではない、それは当たり前であるべきだと訴えている。

リンクトインが、ユーザーに「20歳の頃の自分に贈るアドバイス」を尋ねた調査によると、「いろんなことを試し続けること」「失敗して、そこから学ぶこと」「恐れずに探究すること」といった回答が極めて多かったという。「インク」誌の記事は、「一生の仕事を見つけるには試行錯誤を繰り返すのが最善策だ」とまとめている。

「やめること」を忌み嫌う必要はない。私たちが遠ざけるべきは、「やめること」につきまとうネガティブなイメージのほうなのだ。

嫌なことをやめれば、心と身体が健康になる

リック・マクヴィーも職を転々としてきた。だが、そのことを後悔はせず、むしろ喜びとしている。「何かをやめることはいつも、その時点での正しい決断だった」。マクヴィーは言う。「僕は変化が好きなんだ」[23]

彼は最近、イリノイ州リバーフォレストからアラバマ州モービルに引っ越した。「ニューオーリンズに住んでいる親友を年に何度か訪ねて、一緒にドライブ旅行をしてた。モービルにも行った。それがきっかけで、何度も足を運ぶようになった。行くたびに、この町を好きになった」

マクヴィーはペンシルベニア州ランカスターで生まれ、ヨーク近郊で育った。父親は走行用ベルトの製造工場で働いていた。それもあって、初めてアルバイトをしたのも工場だった。高校の最終学年のときだ。その後、そのままその工場で働くようになり、管理職養成プログラムのためにクリーブランドに派遣された。そこから、職と都市を転々とする長い冒険生活が始まった。現状よりも良さそうな仕事が見つかれば、職を変えた。紳士服店を経営していたとき、店をやめて看護学校に通うという従業員の話を聞いて、自分もそうしてみたいと思った。

40歳で看護学校を卒業後、病院のＩＣＵ（集中治療室）で看護師として3年間勤務した。その後、ルイビルでエイズの新薬の臨床実験を手伝った。イリノイ州のいくつかの都市の病院の循

環器科でも働いた。製薬会社の営業担当者として数日おきに都市を移動するような仕事をしていたこともある。

「月曜日はマイアミ、水曜日はサンディエゴというふうに営業先を訪れるのはすごく楽しかったね」

ところが、しばらくして、また気が変わる瞬間が現れた。「B&B（ベッド・アンド・ブレックファスト）」と呼ばれる形式の小規模なホテルを買い取って経営しようかと思いついたのだ。だが、宿泊業の仕事は大変そうだと考えて思いとどまった。

代わりに、シカゴのリンカーン・パーク近辺にある花屋を買い取って5年間経営した。「顧客はボブ・ディラン、シェリル・クロウ、ミシェル・オバマ、ビーナス&セリーナ・ウィリアムズ姉妹と錚々《そうそう》たる顔ぶれだった」

20年間連れ添ったパートナーがいたが、円満に別れた。「つい最近も、元パートナーから尊敬してるって言われたんだ。見知らぬ土地に行って、すぐに馴染んで生活できるからって」

マクヴィーが定期的にやめているのは、仕事だけではない。宗教もそうだ。長いあいだプロテスタントの長老派教会の信仰者で、教会の助祭を務めていたこともあった。その後、カトリックに改宗することを検討した後で、プロテスタント寄りの聖公会に改宗した。現在はユダヤ教を信仰している。改宗の前には18週間の講義を受けたという。

モービルへの引っ越しは、老後をそこで過ごすという意味合いもあった。だが現在は不動産業免許の取得を考えている。つまり、興味があることが見つかれば、これからも働き続けたいと考えている。「これは新たな挑戦なんだ」

周りから「何かをやめてばかりいる」と言われることは、まったくないという。「むしろ、僕の話はいい刺激になるみたいなんだ。『年をとるのは嫌だ』とこぼされたら、こう言ってやるんだ。『そんなことない。年をとればとるほど人生はよくなっていくもんだ』ってね」

彼はやめることで自由になれると信じている。それは野菜を食べたり、朝に瞑想したりするのと同じような健康的な習慣であり、おかげで心身の調子はいいという。

「人生で、今くらい幸せを感じていることはないね」

QUITTING許可証

私たちは、我慢強さが成功のカギだと子どもの頃から教わってきた。
本やポッドキャスト、ユーチューブ動画にも、
「やめるのは悪いこと」というメッセージがあふれている。
でも「やめること」には、もっと多面的な意味合いがある。
やめることは、再出発の手段でもある。
それは、現在の自分に足りないものを自覚し、
理想の自分について考えてみることだ。
何かをやめるのは、根気がないからとは限らない。
無限の可能性を感じるからこそ、やめることだってある。

第5章

運と手放すこと——物事はたまたま起こる

偶然がこの世界を支配しているというのは、
人々にとって受け入れがたい概念だ。
私たちは、どんなに信じられないようなこと
であっても、何らかの原因と思われるものを
見つけて気持ちを落ち着かせようとする。
ところが突然、量子物理学が、
物事は偶然に支配されてるという見方を示した。
アインシュタインはこれに困惑し、
「もし私たちが偶然性から逃れられないのなら、
私は物理学者をやめてカジノで働く」と
嘆いたという。

——アントン・ツァイリンガー（量子物理学者）

シャロン・ハーヴェイは「やめる」という大胆な行為で人生を好転させた。彼女自身だけでなく、数百匹もの野良犬や野良猫の生活までも。だが、ハーヴェイはそれを自分の手柄にはしないし、自分の行いがもたらした結果でもないと思っている。

それは、2つの強力で神秘的な存在のおかげなのだと彼女は言う。

1つは、運。

もう1つは、ヒューだ。

運について説明する前に、まず、ヒューとは誰であり、ヒューがハーヴェイという女性の人生をどのように変えたのかについて話そう。ハーヴェイは2003年まで、世界的に有名なクリーブランド・クリニックという医療施設に勤めていた。約20年間働き、血液内科部長という重責を担っていた（当然、社会的地位と高給を手にしていた）。

「2000年以前は動物保護施設に入ったことすらなかったんです」[1]

ハーヴェイは言う。その年、彼女はクリーブランド郊外の自宅近くにある動物保護施設でボランティアを始めた。そこで最初に任された仕事の1つが、ヒューという名の犬の訓練だった。

「ヒューが発見されたのは、ゴミ捨て場の近く。ひどい姿で、すっかり弱っていて。でも、ヒューには生きる意欲がみなぎっていたんです。信じられないほどの勇敢さもあってね。普通の茶色い犬です。大きくて、ふわふわで、茶色くて。でも、最高に素晴らしい犬。特に秀でた才能があるというわけではないけれど、堅実で献身的な生き物なんです。けど、ひとたび心が触れ合うと、固くて強い結びつきを感じたんですよね」

ヒューを引き取ってからというもの、ハーヴェイはますます多くの時間を動物保護施設で過ごすようになり、ヒューと同じような境遇の動物たちの世話や餌やりも手伝うようになった。そんなとき、正規の責任者の募集がかかり、自分でも意外なことに、強く興味をそそられた。

決断しなければならなかった。

一方には、クリーブランド・クリニックでの長く充実したキャリアがある。

そしてこっちには……ヒューがいる。

「大きなキャリアの転換に踏み切る勇気が出たのは、ヒューのおかげ。私は危険を冒すタイプではないし、変化も好まない。しかも、給料も手当も激減してしまうんですから」

でも、理屈を超えて犬を愛したことがある人、その瞳のなかで助けを求めているすべての迷い犬や優しい犬の魂を感じたことがある人なら、ハーヴェイがどちらを選んだかわかるはずだ。「こう思ったんです。安全で確実で理にかなった道を選ぶか。それとも、一度だけ自分の情熱に賭けてみるか」

彼女は、確実な道を手放した。

ハーヴェイは地元の動物保護施設を数年運営した後、クリーブランド動物保護連盟の責任者に就任し、現在は70名のスタッフを率いて年間650万ドルの予算を管理している。

クリーブランド・クリニックでの仕事をやめたことは、ハーヴェイにとって、初めての、何か重要なことをやめる経験ではなかった。しかし、やめたことを後悔していない、という意味では初めての経験だった。彼女はかつて、米国沿岸警備隊士官学校に通っていた。同校に合格した女性としては2期生にあたり、1981年のクラスに在籍していた。

ところが、そこには予想もしていなかったような性差別やハラスメントがはびこっており、卒業を待たずに中退した。「2年で学校をやめて、それまで一度も失望させたことのなかった両親をひどく驚かせてしまったんです。今でも、我慢して学校に通い続ければよかったのかな、と思うときがあります」

ただし、人間の世話をする世界から、動物を救う世界に転身した自分の判断を疑ったことは一度もない。「後悔はしていません。一度たりとも」

彼女は、大きな人生の挑戦を後押ししてくれたヒューに一生感謝し続けるだろう。ただしそこには、疑いようのないヒューの魅力とあわせて、〝幸運な偶然〟というもう1つの要因があった。〝幸運な偶然〟とは、トーマス・ウルフが「埃っぽい世界に新たな魔法をもたらす、謎めいた偶然の奇跡」と呼んだものだ[2]。

ハーヴェイは、ヒューと出合わなかった可能性があることも理解している。

「そこには間違いなく運が絡んでいました。だって私はすごく勇敢な人間というわけではないですから。ただ、あのときはタイミングよくヒューと出合う場に居合わせていた。物事というのは、収まるべきところに収まるものですよね。あの想定外の出来事に遭遇していなかったら、自分でこんな大胆なことをしたとは思えないです」

では、もしヒューと出合っていなかったら、どうなっていたのだろう？

ハーヴェイにはわからない。自分がどんな道を進むか、他人がどんな道を進むかなんて、誰にもわからない。私たちはその手のことを、眠れない夜に考えがちだ。「もしあのときこうしていたら、どうなっていただろう?」と。

そして人々がこの種の自問をしているという事実それ自体が、私たちがなぜ物事をめったにやめないのか――そしておそらくはもっと頻繁にやめるべきなのか――を物語っているのだ。

偶然の力

目新しいことではないかもしれないが、あえて言わせてほしい。

人生はバカバカしいほど予測不可能で、腹立たしいほど理不尽である。成功すべき立派な人が失敗することも、卑劣な人間がトップに立つこともある。控えめに言って、人生は不公平だ。

ここで、こう思った人もいるかもしれない。「誰もが知っていることを、なぜわざわざ言う必要がある?　そんなことより、大きな茶色の犬の話をもっと聞かせてほしい」――。

なぜ私は、この「誰もが知っていること」をわざわざ書いたのか。それは、運命の予測不可能性は、私たちが真っ向から否定したがる厄介な真実だからだ。そしてそのことは、私たちが「やめること」をどうとらえているかをよく表している。

つまり私たちは、「自分は人生の主導権を握っている」と思い込もうとしているのだ。「決断を下しているのは自分であり、自分の身に起こることは、自分の選択がもたらした結果だ。サミュエル・スマイルズの言う通り、成功するかどうかはどれだけ努力し、自分を犠牲にしたか次第だ。やめずに努力を続ければ、必ず成功を手にできる」と。

素晴らしい考えだ。と同時に、バカげた考えでもある。

人間は現実に翻弄される生き物だ。でも現実のほうは、私たちの夢や幸福などちっとも気にしていない。汗水たらして努力している人も、ホットピンクのフットネイルを塗りながらくつろいでいる人も、親切で思いやりのある人も、自己中心的な人も、区別しない。

なぜなら、物事は偶然に導かれて起こるものだから。

偶然性は諸刃の剣となり得る。それは、ハーヴェイが運営する動物保護施設に保護されたばかりの犬や猫を見ればわかる（野良生活から解放され、規則正しく食事をとっている彼らの目に映る感謝の気持ちは、言葉の壁を乗り越えて伝わってくる）。偶然は時として素晴らしい結果をもたらす。だが、そうでないこともある。

あの日、ゴミ捨て場でお腹を空かせて震えているヒューを見つけた人が、もし別の路地に入っていて、ヒューを見つけられなかったとしたら？

私たちが「人生の真実」から目を背ける理由

人生はギャンブルみたいなものだ。そして私たちは皆、心の底ではそれがギャンブルであるのを知っている。ところが、自己啓発書はそれとは正反対の、「人生は自分の手でコントロールできる」というメッセージを伝えている。もちろん、それには理由がある。自己啓発書にとっては、次のような真実を伝えたところで、読者へのアピールにはならないのだ。

・広大な宇宙では、人間なんてちっぽけな存在だ。
・人生は無秩序に支配されており、苦しみは避けられない。
・どれだけ毎朝瞑想しても、ポジティブ思考をしても、健康的な食事をしても、運動しても、悪いことは起こる。

これらは、自己啓発系のポッドキャストやオーガニック食の宅配サービスの売り文句にはならない。

私たちは、「自分が人生の主導権を握っている」という虚構を（本当はそうでないとわかっていても）ありがたく受け入れている。なぜならそれは、「人生は自分の力ではどうにもならない」という被害者意識を持つよりも受け入れやすいからだ。私たちは、人生は偶然によって大きく左右されているという、あまり認めたくはない事実から目を背けている。自分がどれだけ懸命に努力しても人生はどうにもならないと悲観的になるよりも、何か悪いことが起きたのは自分がまずい選択をしたからだと思うほうが納得しやすいためだ。もちろん、他人のせいにできるほうがより望ましいことは言うまでもない。

とはいえ、物事が偶然に左右されているのは疑いようのない事実だ。

自ら招いてはいない出来事、自分の力では変えられない物事、火山噴火のような自然現象、事故や異常な出来事、起きてほしくないのに起きてしまったこと、起きてほしいと思っていて起きたこと、良くも悪くも人生を大きく変えてしまう想定外の出来事――。

私たちはこのように世界が偶然に支配されているのを知っているのに、それとは正反対の立場をとろうとする。船長の席、権力の座、女王の玉座に座り、舵を握り、支配しているのは自分だと考える。自分こそが権力と選択権を握っていると信じようとする。

心理学者・行動経済学者のダニエル・カーネマンは、人間の認知能力の矛盾に関する鋭い考察を記した著書『ファスト&スロー』(ハヤカワ文庫)のなかで、次のように述べている。

「私たちの心の不可解な限界とは、自分が理解していると思うことに対して過信し、自分の無知やこの世界の不確実性の度合いを認められないことである。私たちは、自分がどれだけ物事を理解しているかを過大評価し、人間が遭遇する出来事における偶然性の役割を過小評価しがちである。過信するのは、後知恵で過去の確実性を錯覚するからである」[3]

私たちは、聞いたこともないような難病と診断される、愛する人を亡くす、といった自分の意思とは無関係な出来事に人生を大きく左右されたり、あるいは友人に失望させられる、昇進を見送られる、といったつらい状況に直面したりしない限り、自分の人生は自分の力で思うようになると信じようとしている。

偶然は、子どもが生まれる、仕事が見つかる、恋人ができる、約束に遅れそうなときに信号が青で道も混雑していない、といった喜ばしい状況も届けてくれる。コインを投げて、表が出るか裏が出るかは同じ確率だ。成功することもあれば、失敗することもある。喜びを味わうこともあれば、恐怖を味わうこともある。

そして、だからこそ、私たちは偶然にすべてを支配されないようにする方法を見つけなければならない。偶然がもたらす現実に一喜一憂してばかりいるのではなく、自分たちが手にしているわずかな力をうまく活用する術を学ぶ必要があるのだ。目の前で急速に崩壊していくように見える世界で、最後の脆い糸をつかみ取るために。

私たちは昔から、成功や幸福を得るためには、歯を食いしばってとにかく何かにしがみつきなさいとアドバイスされてきた。まるで、ロデオマシーンから振り落とされないようにすることが、成功や幸福の秘訣であるかのように。でも、私は別の提案をしたい。

それは、「あきらめる」ことだ。

試練を乗り切るテクニック

ネイビーシールズ（海軍特殊部隊）の隊員だったダニエル・クノッセンは2009年9月7日、アフガニスタンで哨戒《しょうかい》中に地雷を踏んだ。8日後、ウォルター・リード米軍医療センターで人工的な昏睡状態から目覚め、怪我の程度を知った。両足の大腿切断、骨盤骨折、深刻な内臓損傷――。その後、20回以上の手術を受けることになった。クノッセンは2022年に「ワシントン・ポスト」紙のインタビューで、この試練を乗り切れたのは、シールズの訓練で習得したテクニックを使ったからだと語っている。

一言で言えば、彼は「あきらめた」のである。

クノッセンは、高尚で抽象的で包括的なそれまでの人生の目標を手放すしかなかった。それらの目標は、非現実的で、曖昧で、とうてい達成できないように思えて、考えるほどに気がめいってしまったからだ。だから、思い描いていた人生はあきらめ、別の新しい道を探し、自らの手でつくり上げるしかなかった。

「長期的な目標を持つのもいいが、本当に必要なのは、集中しやすい短期的な目標を持つことです。あのときの私は、1日1日を乗り切る必要があったんです」とクノッセンは記者に語った。[4] クノッセンは「地獄週間」という絶妙なネーミングで呼ばれる、シールズ名物の過酷な訓練に耐え抜く際も、同様のテクニックを使った。

大きな目標よりも、目の前にあるタスクをやり遂げることに意識を向ける。壮大なスローガンも、心に響く大それた名言もいらない。過ぎ去っていく過去にも目を向けない。ただ静かに、着実に、少しずつ前進していく。クノッセンは小さなことを受け入れるために大きなことを手放した。そして、その小さな積み重ねが、やがて大きなこと、つまり人生の立て直しへとつながっていった。

2018年パラリンピック冬季競技大会のバイアスロン競技の男子シットスキーで金メダルを獲得したクノッセンは、兵士として国のために尽くしている最中に爆発で足がもぎ取られることになるとは思っていなかった。致命的な大怪我を負い、別の生き方を歩むことを余儀なくされた。目の前の1日、1時間を生きることに全精力を傾けなければならないときも少なくなかった。

彼は自分で運命を選んだわけではない。でも勇敢に、寛大に、それに対処する方法を選んだのだ。

クノッセンのほかにも、肉体的、精神的に大きな試練に直面した人はいる。彼らも同様に、変えられないことと変えられることを区別するしかなかった。そして、変えられると判断したものを実行していった。たいていの場合、それは、何かをやめることを意味していた。

「自分の手ではどうにもならないこと」を手放す

「私は、自分の身に起こることは必ずしもコントロールできないと学んだの。自分の手でなんとかなるのは、時間の使い方だけ。学べているか、成長できているかと自問しながらね」[5]

シカゴ郊外に住むミシェル・ウェルドンは、情熱的で活発な女性だ。現在までに6冊の著書を出版し（ちょうど7冊目を書き終えたところだ）、多数のエッセイも手がけている。ノースウェスタン大学で20年近く教鞭をとり、現在は、自分のスタイルを模索している経験の浅い作家たちを指導している。

ウェルドンが彼女自身のスタイルを見出したのは、トラウマになるような経験をしたことがきっかけだ。それは彼女が望んだ経験ではなかったが――正確には、それは誰もが望まないような経験だったが――起きてしまったからには対処するしかなかった。悪戦苦闘するうち、彼女は「これは自分のせいではない」と気づいた。さらには、「自分には状況を変える力がある」「とても大切なのに見過ごされがちな真実を人々に伝える責任がある」ことも。

その真実とは、「やめる選択肢は常にある」ということだ。

「結婚生活は9年間続いてた。相手は弁護士として成功していて、カリスマ性があって、世間的には非の打ち所がないと思われてた人。一方で、私は身体的にも精神的にも彼から虐待を受けていた。夫婦カウンセリングを受けて、問題をどうにか解決しようとした。でも、じきに〝これは自分で解決できることではない〟って気づいたの」

それでも彼女はその状況にしがみついた。それはもっぱら、3人の幼い息子たちのためだった。離婚してシングルマザーとして生きていくのは最後の手段であり、未知の領域に足を踏み入れる、とてつもなく大それたことに思えた。

「私はそれまで、何もやめたことがなかったの。どんな状況に置かれても、うまく耐え忍ぶことができると思ってきたから。統計データを見て、息子たちが母子家庭で育った場合に経済面、精神面でどうなるかも理解していた。だから、あらゆる手を尽くして離婚は避けなければと考えていたの」

だが疑念や自責の念と格闘したのち、再び夫婦関係が悪化した1986年、ついに結婚生活を終わらせる決心をする。彼女はこう振り返る。

「自分の人生にとって、ものすごく衝撃的で、大きな出来事だった。『私がこんなことするなんて、嘘みたい』って思ったわ」

友人たちは手を差し伸べようとしてくれたが、心を閉ざしてしまうこともあった。「みんなが『勇敢だったね』と言ってくれたのに、私は『本当にそう？　私はバカなことをしてしまったんじゃない？』と疑念にかられていたの」

ウェルドンは、それが癒やしになることを願いながら、不安と恐れを言葉にすることにした。その手始めとして、この体験をエッセイにしてコンテストに応募したところ、最優秀賞を受賞した。そのエッセイが、彼女の最初の作品『目を閉じて（I Closed My Eyes）』（未訳）の冒頭の章となった。「私が自分自身に真実を語るのは初めてだったの。それも、大きな声で」

やめる──その瞬間

私のように子育てをしながら、年老いた両親の世話や家事、仕事と日々忙しくしている女性は、何もしたくなくなるときがある。誰かと一緒にいることや、責任を負うことにも疲れてしまう。話すこと、誰かの話を聞くこと、観る映画を選ぶことさえ面倒になる。家族という名の会社のCEOに戻る前に、ほんのひととき、静かに自分を消してしまいたくなるのよ。

──ミシェル・ウェルドン（作家・ジャーナリスト）

ウェルドンは、以前の自分には考えられなかった「物事をやめること」を、今では意のままにできるようになったと語る。2021年、最愛の兄ポールをガンで亡くすという悲しい出来事を通じて、「やめること」が持つクリエイティブで、前向きな気持ちにさせてくれるパワーをあらためて痛感した。兄を救うためにできることは何もなかったが、彼の死は教訓になった。自分にはどうにもならないことで思い悩む必要はない。代わりに、時間の使い方や気持ちの持ちようなど、自分の手でどうにかなることに意識を向ければいい。

「兄の死をきっかけに、友人関係や人間関係を吟味したの。だらだらと続いているだけで、気持ちを高揚させてくれないような人間関係は終わりにした。物事を手放すって、とても解放的よ。本当にそんなことに時間を使いたいの？　って自問するだけで実現できる」

手放すことで何かが得られる

ウェルドンと同様に、エイミー・ディキンソンもやめる方法を学ぶ必要があった。同じく、そのきっかけとなった出来事は彼女自身が起こしたわけではなかった。それらはたまたま彼女の身に起きた、二度と経験したくないような出来事だった。しかし、ひとたび「やめる力」を知ると、それがどれほど前向きで、人生を肯定し、癒やす力になるかを実感した。

ディキンソンはナショナル・パブリック・ラジオ（NPR）のクイズ番組のレギュラー解答者で、機転の利いたコメントで知られている。全国の新聞社に同時配信されている彼女のコラムは、読者の質問に対する思慮深く、面白く、まっとうな返答が共感を呼んでいる。エッセイ集もベストセラーになっている。

ディキンソンは、成熟した動じない女性で、楽観的で自信に満ちあふれているように見える。しかし、いつもそうだったわけではない。

「父親は4人の子どもと、差し押さえられた農場、1日2回の搾乳が必要なホルスタイン牛でいっぱいの納屋を残して家を出ていってしまったの。すべてを放り出してね。最初の夫も、突然、家を出ていってしまった。二度も大きな被害に遭っているから、私はやめることに激しく抵抗を覚えるようになったのよね」[6]

その結果、ディキンソンは物事を「やめない」ようになった。「やめるのは負けること」と信じて疑わず、意欲的で、誠実で、どんな物事も人も絶対に見限らない、信頼のおける人間になろうと努めてきた。しかし、2020年に愛国婦人団体「DAR（アメリカ革命の娘たち）」を退会したことが、彼女の人生のターニングポイントになった（詳しくは第11章で紹介する）。

「生まれて初めて何かをやめてみて、とてつもない解放感を味わったの」

大切なのは、他人の期待に応えようとせず、自分の心と良心に従って行動することだとディキンソンは言う。

「私たちはめったに物事をやめようとはしないです。私自身もそう。最近は、米国人は尊大だとか自制心がないとか言われているけれど、それはこの国の文化的なDNAに、何かを途中でやめたり、放棄したりするのを恥じる感覚が刻まれてるからだと思う。でも、楽しくないことを意識的にやめてみたら、別のことに取り組むためのスペースが生まれるはず。やめた後、何もせずにソファに寝そべっていたっていいし、好きなことを思う存分したっていいの」

「試してみること」を恐れない生き方

クリスティン・ブロケは、こんなことになるとは思ってもいなかった。

結婚して23年。百点満点とはいえない生活だった。仕事で海外に長期滞在することも多い夫のバーニーとは、心が離れていた。それでも、ふたりは互いを思いやり、尊重して暮らしていた。当時、16歳のゾーイと11歳のレミーという素晴らしい子どもたちにも恵まれていた。

だから、物事はうまくいっていた。

けれど、実際にはそうではなかった。

夫婦カウンセリングで、夫が性別を変えるつもりであることを打ち明けたとき、ブロケは実際にどれだけうまくいっていないのかを理解した。「私は現実を受け入れようとはしなかった」[7]。シカゴ周辺に住むブロケは回想する。

「夫に性転換を思いとどまらせることができると思ったの。結婚生活を手放す気はなかったんです」

しかし、やめないという彼女の決意はもはや重要ではなかった。決断をしたのは彼女ではなかったからだ。夫は離婚を望んでいた。もう彼女にはどうにもできなかった。だから、子どもたちのことだけを考えた――家族を襲ったこの激震の後で、子どもたちが心身の健康を保てるように。

子どもたちは大丈夫だった。今ではふたりとも家庭を持ち、好きな仕事に就いている。ブロケはもうじき孫が生まれるのを心待ちにしている。しかし、当時の夫から衝撃の事実を告げられた2002年のあの日の記憶は、今も彼女を苦しめている。結婚生活に終止符を打つのが正しい決断だったと理解するまでには、しばらく時間がかかった。最初、ブロケは家族を守ろうとした。家庭を壊したくなかった。だが少しずつ、自分に必要なのは手放すことだとわかってきた。自分はベストを尽くした。これは自分のせいではない。でも、だからといって、痛みが軽くなったわけではなかった。

「結婚生活があんな形で終わってしまうまで、私は人生であれほどのひどい体験をしたことがなかったの」

普段、私は何もやめない。やめずに耐えるほう。でも、あるとき職場でこんなことがあった。私はデザインの仕事にうんざりしていて、マーケティングをやりたかった。ところが上司に呼ばれて、マーケティングの仕事は別の女性に任せるつもりだと言われたの。1月で、大雪が降ってた。その同僚の女性の席の窓から外を見ると、泥だらけの巨大な雪の山があったの。獣みたいな雪山を見ながら思ったわ、「あの獣が窓から入ってきて、この女の頭を食いちぎってくれたらいいのに」って。その瞬間、腹は決まった。もうここには長くいられないと思った。

——クリスティン・ブロケ（元デザイナー）

ブロケは長年にわたってグラフィックデザインの仕事をしてきた。現在は、結婚生活の破綻をテーマにした回顧録（仮題は『The Other Woman』）を執筆しながら、自分自身をもっとよく知ろうとしている最中だ。離婚によって不意打ちを食らったことで、人生全般において、自分の声に従って生きることを躊躇するようになっていた——そのことに気づいたのは、ずいぶんと時間が経ってからのことだ。

「結婚生活で心に傷を負ったせいで、人生の大きな決断を避けてきたの。やめることについての私の問題は、試すことさえ恐れていることに原因があった。私が物事をあまりやめないのは、そもそもあまり新しいことを始めないからよ」

彼女はこの状況を変えようと決意している。やめることに慣れるには、もっと多くのことを始めればいい。そうすれば、やめる機会も増えるから。

火山の噴火に導かれた人生

ハワード・ベルクスも、夢を実現するために戦略的にやめなければならなかった。たしかに彼は懸命に働き、大胆にリスクをとった。だが同時に、どんな人の人生も一瞬で変えてしまうような運命的な出来事に身を委ねられる柔軟な考えの持ち主でもあった。それはたとえば、火山の噴火だ。

ベルクスはナショナル・パブリック・ラジオ（NPR）に40年近く勤めた。そのキャリアを高く評価されたのは、この自然災害のおかげだと感謝している。火山は人の手でコントロールできるものではないが、あのときの火山噴火に関しては、彼は自分がコントロールできる部分を最大限に活用した。

1970年代後半から80年代前半にタイムスリップしてベルクスを探すなら、オレゴン州かミネソタ州の森に行くのが一番だろう。同じ場所にじっとしていられない、探求心の強いベルクスは、森をひとりで探検したり、カヌーツアーを引率したりするのが好きだった。大学の書店のバイヤー、コミュニティ・オーガナイザー、手話通訳など、様々なことを経験しながら、社会正義の問題に自分のエネルギーや情熱をどう捧げるのがベストなのかを考えていた。コミュニティカレッジでコミュニケーションの授業も受けていたが、優先順位は低かった。それよりも、現場で取材することのほうがずっと好きだった。その頃にはすでに、オレゴン州ユージーンのNPR加盟局でフリーランスとして取材活動を始めていた。

1980年の早春、シアトルの南にあるセント・ヘレンズという火山が「げっぷをしてゴロゴロいい、灰を吐き始めた」。彼はNPRに大量の記事やニュース速報を提供していて[8]、同局の火山担当者になった。NPRのディレクターから、山に長期滞在して取材を続けるよう指示された。

でもその前に、大学の授業を受けられなくなるという事態に対処する必要があった。何人かの講師に事情を説明して、授業を受けられない分、実際に体験したことについてレポートを書いたり、プレゼンテーションをしたりして補えないかと尋ねた。「ダメだと言われました。3回欠席したら落第だ、と」。結局、大学はやめた。

彼は火山の麓に向かい、報道記者の詰め所に潜り込んだ。そこで貴重な体験をしたことが、NPRの番組「あれこれ考えてみる（All Things Considered）」での初めてのライブインタビューにつながった。

5月18日に火山が大噴火すると、「くだんのNPRディレクターが、ネットワーク報道の主要記者に任命してくれたんです。何カ月ものあいだ、自分の声がラジオで流れました」

その年の暮れ、ベルクスはNPR初の全国記者として正規雇用された。地元のNPR局の上司から「大学の学位を持たない者は採用しない」と告げられていたにもかかわらず。

「ラジオが持つアドレナリンとクリエイティブな挑戦」に最初から魅了されていたベルクスにとって、それは最高の仕事だった。

私たちが確実にできること

火山はベルクスのキャリアを変えたが、彼自身が噴火させたわけではなかった。ウェルドンも、シングルマザーになることを望んでいたわけではない。パラリンピック選手のクノッセンは大怪我を負うことを選んだわけではないし、ディキンソンはダメな父親と女たらしの夫を持ちたかったわけではない。ブロケも夫の性転換宣言に不意打ちを食らった。全員が、置かれた状況のなかで問題に対処した。しかし、どれも予想もしない出来事だった。

人生の大部分は、自分ではどうにもできない。私たちは、どこで生まれるか、誰のもとに生まれるか、いつどのような出来事が起こるかを決められない。第二次世界大戦中、命がけでフランスのレジスタンス運動に協力した故ユストゥス・ローゼンベルクは、あるインタビューにこう答えている。

「天才なんていない。人は、様々な事情が重なり合う目の前の現実に対して、できることをしているだけだ[9]」

2021年に亡くなった米国上院議員ボブ・ドールは、第二次世界大戦で重傷を負った。政治家としてのキャリアでは、ホワイトハウスという最終目標にあと一歩のところまで近づいた。彼の運命は偶然に大きく左右された。政治コラムニストのジョージ・F・ウィルはドールの死後に次のように言及している。

「ドールがもし、1945年の4月14日に、あのイタリアの丘から数メートル離れた場所にいたら、あるいはヨーロッパで戦争があと25日早く終わっていたら、死ぬまで苦しむことになる重傷を免れただろう。1976年の選挙でオハイオ州とミシシッピ州であと数千票獲得していたら、副大統領になっていただろう[10]」

私たちは、様々な出来事や不測の事態に振り回されながら、頑張り続けている。私たちは、この不安定で不確実な混沌とした現実の世界そのものを自分の力で動かせない。だが、できることはある。

それは、必要に応じてやめることだ。他人が何かをやめるのを、あれこれと口出しせずに、受け入れることもできる。

この些細に思える2つの行為は、世界を変える力を秘めている。

QUITTING 許可証

人生には運の良いときも悪いときもある。
誰もが、偶然に翻弄されている。
だが、何が起きるかわからない混沌とした
人生のなかで、私たちにできる
たしかな行為がある。「やめる」ことだ。
あなたは必要に応じて方向転換できる。
それは偶然に対抗する手段であり、
自分の力を取り戻すことなのだ。

第6章

世界をより良くするために「やめる」

前向きであるということは、
裏を返せば、自分のすることに
厳しく責任を持たなければならない
ということでもある。
ビジネスで失敗したり、仕事がなくなったりしたら、
それは自分が十分に
努力しなかったからだというように。

―― バーバラ・エーレンライク（作家）

2022年1月9日、ニューヨーク市ブロンクス地区の老朽化した高層マンションで火災が発生し、19人が死亡する事故が起きた。死者のなかには4歳の子どももいた。当時ニューヨーク市長に就任したばかりのエリック・アダムスは、消防当局による「スペースヒーターが火災の原因となり、階段の吹き抜け部分にある住居のドアが開いていたことが延焼を促した」とい

う報告を引用し、「この件から1つの教訓を得るとしたら、それはシンプルだ。『ドアを閉める。とにもかくにもドアを閉めること』」と言った。

ジャーナリストのロス・バーカンはこの市長の言葉に激怒し、『ニューヨーク市長はなぜ、100年に一度の大火災を住人のせいにするのか』と題したエッセイでこう述べている。

「ブロンクスの火災は、個人の責任という類いの事故ではない。アダムス市長は、個人を非難することで、真の犯人である建物のオーナーをかばったのだ。なぜ、住人はスペースヒーターを使わなければならなかったのか？　なぜ、ドアに欠陥があったのか？　追及すべき点は、そこにある」[1]

市長のコメントがそうだったように、この悲劇に対するいくつかの反応は、よくあるシナリオに基づいていた。すなわち、経済的地位の低い人々に対して、こうした事故に巻き込まれるような境遇で生きているのは、自分たちの責任だと言い聞かせることである。「もっと懸命に働いてさえいれば――そしてきちんとドアを閉めてさえいれば――あなたが貧しさにあえぐこともなかったし、貧困層が住むアパートで不運に見舞われて恐ろしい火事の犠牲になることもなかっただろう。頻繁に、物事を途中で投げ出すような生き方をしていないければ――」というわけだ。

バーカンは、こうした意見が住人の運命は住人自身に責任があると暗にほのめかしている点に憤慨し、こう指摘している。「住人が、火災に遭ったのは老朽化したマンションに住んでいる自分たちのせいだという強迫観念に取り憑かれてしまえば、不動産のオーナーたちは、これまで通り利益を上げるために建物の火災予防に手抜きをし続けることになるだろう」

市の消防当局は、サミュエル・スマイルズの言葉を引用したも同然だ。その根底には、スマイルズの思想と同じ考えがあるからだ。「もしあなたが苦しい生活をしていて、人生に悪い出来事が起きて、なぜなのかと悩んでいるのなら、鏡を見なさい」

環境問題や社会的不公正に対する私たちの無関心と、こうした忍耐を称える考えとのあいだには、関連性があるのだろうか？　この章では、それを探っていこう。

エゴを超えて

火災事故に差し押さえ、貧困、パンデミックまで、世界は複雑な問題であふれている。これらの問題に対して、忍耐至上主義が提供する解決策はシンプルだ。

とにかく頑張れ、あきらめるな——。

だがこうした考えは間違いであり、本当に困っている人に対する思いやりを欠いている。

「自己啓発書には効果がない。どれも役に立たない。概念そのものが幻想よ」

作家であり学者でもあるミッキー・マクギーは、ニューヨークの自宅でそう言い放つ。「完全に自立した人間などいない。人はシステムに属していて、誰もがその一部なの。誰の力にも頼らずに生きているという考えは、うまくいっているときにはいいけれど、そうじゃないときは悲劇でしかない[2]」

2005年に出版されたマクギーの著書『セルフヘルプ・インク（Self-Help, Inc.: Makeover Culture in American Life）』（未訳）は、自己啓発開発プログラム、特に女性に関連したプログラムについて、鋭い論調で批評を展開している。同書の刊行から17年が経ち、マクギーの考えには変化があったのだろうか？

幸いなことに、答えはノーだ。忍耐を至上のものとすることに対する彼女の姿勢は相変わらず懐疑的であり、それに疑問を投げかける2つの新しい理由も増えた（同書の刊行当時の、フェミニズムの観点からの批判が理由として不十分だったというわけではない）。1つ目は、フォーダム大学での研究と教育において彼女が新たに力を入れている障害学の台頭である。そして2つ目は、パンデミックが人類にもたらす影響である。

「自己啓発の文化には現実性が欠けている」と彼女は言う。「それは、人間の肉体的な脆さを否定している。そこでは、人は必ず身体的な問題を克服できると考えられている」。自己啓発は、「人には無限の可能性がある」という考えを押し付ける。だが、私たちは新型コロナウイルスの騒動によって、自分や愛する人の障害と向き合う人たちがずっと前から知っていたことを思い知らされた。病という残酷なくじ引きを免れる人などいないということだ。

「誰でも身体の問題に直面することがある。年中寝たきりの人もいれば、発達障害のある子を持つ人もいる。私たちは自助努力ではどうにもできないこと、つまり、身体の能力ではなく、脆さと向き合わなければならない。心の強さではなく、弱さと向き合わなければならない」

億万長者を褒めそやしたり、自分も同じように成功できると考えたりするのは、事態を悪化させるだけだ。「自己啓発書は、人間は無敵であるという幻想を主張しているわ。たとえばジェフ・ベゾスみたいな成功者を理想的な人物として掲げることに躊躇しない。でも、世の中はそんなに強い人ばかりじゃない。自分が最低賃金の労働をして、家賃も払えないような生活をしているのを想像してみればそれがよくわかるはずよ」

ビル・ゲイツやマーク・ザッカーバーグ、イーロン・マスクを取り上げたビジネス書では、彼らの意志の強さや、がむしゃらな努力に焦点が当てられている。挫折を味わいながらも、あきらめずに前に進んだことが強調される。そこには、こんなメッセージが込められている。「途中であきらめてしまう人たちには、ゲイツやベゾスのような情熱や挫折をものともしない強さがない。貧しい家庭に生まれたり、黒人や女性、身体的・精神的障害といったハンディを抱えて苦労していたりしたとしても関係ない。なんであれ、やる気があれば克服できるはずだ」

「あきらめる者は失敗する」という考えを信じていると、困難に見舞われている人を見ても、「自業自得だ」と考えてしまうようになる。「ベンジャミン・フランクリン、アンドリュー・カーネギー、ビル・ゲイツのような人物に象徴される理想的な成功者のイメージは、雇用者が米国の労働者に都合のよい物語を信じ込ませるのに役立っている」とマクギーは著書で述べている。[3]

2021年、米国で最も裕福な人たちはさらに裕福になった。「米国で億万長者になるには、この1年が史上最高の時期だった」と、イーライ・サスロウは「ワシントン・ポスト」紙で述べている。[4]「英国の億万長者の累計資産は、パンデミック以降、7割増えたと言われている。この国に745人いる億万長者の資産は、下位6割の世帯の総資産額よりも多い」

これは健全な状態とはいえない。それなのに、私たちはこうした状況を甘んじて受け入れている。「やめること」に対する世間の偏見と、貧富の差の拡大に対する私たちの寛容さとのあいだに、関連性はあるのだろうか？　「やめること」に対する偏見は、格差の拡大に対して何もしないことを正当化する。「あのみすぼらしい家に住んでいる人たちは怠け者に違いない。途中で物事をあきらめる人たちにちがいない。なぜなら、成功とはやり抜くことであり、自分を信じることだからだ」というふうに。

マクギーは、私たちは貧富の差にかかわらず誰もが尊敬され、幸福に生きられる世界をつくるために全力を尽くすべきだと言う。

「大切なのは、自分ひとりの成功や幸福ではなく、世界や他者と豊かに関わること。私たちはより良い生き方があることを知っている。それは、ひたすらに自分を改善し、強くすることではなく、未来につながる何かのために行動することよ。そう、すべての人の未来のために」

人こそすべて

フィリップ・マーティンは、周りから忍耐力があるとよく言われる。だが、「忍耐（perseverance）」という言葉はあまり好きではない。「この言葉は、〝自力でやり遂げろ（Pull yourself up by your bootstraps）〟という言葉と似ていて、単純すぎるし、個人主義的だ」[5]。彼は、成功できたのは、素晴らしい人たちの支えがあったことや、戦略的に物事をやめてきたからだと考えている。

「これまでに数回、思い切って何かをやめたことがあるんだ」

たとえば1973年に大学を中退し、ボストンで人種平等を求める活動家になると決意したときには、故郷のデトロイトを去らなければならなかった。「大学をやめ、故郷を離れたことで、僕は大切なものを2つも手放した。でも、それは自分の人生において最も賢明な決断だった。それによって、未来が想像もしなかったほど大きく変わったんだから」

現在はボストンのNPR局「WGBH」で調査報道のシニア記者を務めるマーティンは、「忍耐」という言葉には、自分の努力だけで物事を成し遂げたというニュアンスが感じられると言う。「これまで僕は、人生のどん底にいても、立ち上がることができた。多くの人の支えがあったからだ」

妻のビアンカ、母のルイーズ、経験の浅い自分を信じてくれた先輩、貧しい黒人家庭で育った若き日の自分に、優れたジャーナリストになる資質があると見抜いてくれた恩師――。自分の成功を根性《グリット》の賜物とするのは誤解を招くとマーティンは言う。夢を追いかけるなかで周囲の人たちが果たしてくれた役割をないがしろにすることになるからだ。「僕はボストンに移り住み、この街の汚点や犯罪、人種問題に関する記事を書くことを夢見ていた。それは今、まさに僕がしていることだ」

夢を実現するために、たしかに彼は努力したし、賢く、才能もあった。だが、それ以上に周囲の支えがあったことが大きい。故郷を離れて人生に大きな変化を起こしたときに、何よりも頼りになったのは周りの人たちがくれた愛情とサポートだった。彼はそのことを決して忘れない。それは独奏ではなく合奏だった、とマーティンは言った。

運命を見つけるために

ジョー・ロドリゲスは、将来について考えたくもない時期があったと振り返る。イースト・ロサンゼルスで、英語をほとんど話せないメキシコ系米国人の両親のもとに生まれ（父も母も高校を出ていない）、若い頃は自分の将来をうまく思い描けなかった。そのことを重荷に感じていた。価値のない人間だと見なされているような気がした。彼は言う。

「恥ずかしかった。人生の計画や目標がなく、安定した給料をもらえる仕事にも就いていないことが」[6]

明確な目標もなく、それを達成するための手段も持ち合わせていなかったせいで、世間から白い目で見られていると感じていた。自分のルーツを誇りに思っていたので、自分の道を見つけられずにいることで周りの大切な人たちの名誉を傷つけてしまうのは嫌だった。

ロドリゲスは、賢く、創造性が豊かだった。そうした特性を活かすことを、メキシコ北部から米国に渡ってきた大家族からも大いに期待されていた。だが、なかなか人生の目標が定まらなかった。

「行ったり行かなかったりを繰り返しながら、コミュニティカレッジに5年も通った。何度、専攻を変えたかわからない。優柔不断で自信がなかったのさ」

ロドリゲスは含み笑いをして、「髪を伸ばし、バイクで友人たちとカリフォルニアの海岸線を走り回った」と言うと、また顔を曇らせた。「やりたいことが見つからず、どうしていいかわからない、不安定な若者だった」。一貫してとってきた唯一の行動は、やめることだった。

中途半端にコミュニティカレッジに通っていた頃、ある日、図書館にいるときに、自分は文章を書く仕事がしたいのだと気づいた。他人にどう思われたってかまわなかった。「この夢が実現する可能性は五分五分だと思った」

賭けは成功した。ロドリゲスはその後30年ほどジャーナリズムに携わり、「ハートフォード・

クーラント」紙や「サンノゼ・マーキュリー・ニュース」紙でコラムニストを務め、2016年に引退した。現在はカリフォルニア州サンバーナーディーノ山脈近くの小さなコミュニティで暮らしている。

日刊紙でコラムを書くのは彼の夢だった。

「普通の人に向けたコラムを書くのが好きだった」

ここで言う「普通の人」とは、セレブでも政治家でも大物実業家でもない、無名の人たちのことだ。人生に迷い、高速道路101号線をバイクで走っている長髪の青年のような、つまり数年前のロドリゲス自身のような、今は不安を抱えながら道に迷っているかもしれないが、最終的には自分の運命を見つけると確信しているような人のことだ。

「やりたいことをひと通りやってみてから、自分に向いていそうな仕事に賭けてみたのは、そうなる運命だったからだと思うよ。でも世の中では、この世に生まれた瞬間から自分の生きる道を知っているような人たちのほうが評価される。世間には、成功するのは忍耐力がある人で、成功しないのは途中であきらめる人だという考えがある」とロドリゲスは言う。だが彼は、成功には、軽く見られがちなもう1つの要因があると考えている。

それは、やめること――つまり、いろんなことを試してみることだ。

「僕たちは運がいいだけの人を称賛しがちだ」

でも、運はもちろん、どちらにも転ぶ可能性があるのだ。

自己啓発で社会は変えられるか

ジョージア州立大学の社会学教授であるウェンディ・シモンズは、「自己啓発は、人々に責任を負わせている」と言う。[7]「この種の本には、『この原則に従えば、あなたは自分の人生をコントロールできる』というメッセージがあるからだ」

私がシモンズに電話したのは、彼女が1992年に『女性と自己啓発カルチャー（Women and Self-Help Culture: Reading Between the Lines）』（未訳）という本を書いているからだ。その後、シモンズの関心は別の方向に移り、現在は米国の医療制度に関する社会学を研究している。だが、今も自己啓発業界には注目しているという。彼女の本が出版されてから何年経っても、自己啓発書はベストセラーの常連であり、人々の暮らしに大きな影響を及ぼしながら、「忍耐力こそが幸福へのカギ」と謳っている。

「自己啓発書は、読者を『自分の人生の専門家になれる』という気持ちにさせる。自己啓発書をテーマにした本を執筆していたとき、取材をしたある女性が、自宅で本の山を見せてくれたの。全部が自己啓発書だった。彼女は向上心があることを誇りにしていた」とシモンズは言う。

たしかに、自己啓発書を読めば、個人としてはそれなりのメリットは得られるかもしれない。だがシモンズは、人種差別や子どもの貧困、医療アクセスの不平等など、社会を悩ます大きな問題の解決には役立たないと指摘する。「自己啓発書は、現実的な問題の解決にはつながらないことが多い。それが社会問題であればなおさらよ」

このような社会問題はなかなか解決されず、悪化しているのが現状だ。そうなってしまうのは、私たちが所得格差や社会的不公正といった複雑な問題に取り組むことに対してあまり熱心ではないからかもしれない。それよりも、自己啓発書を開いて、「ほらほら。ここに書いてあることを読んでみた？ 全力を尽くせば、物事はうまくいくんだよ」と言うほうが簡単なのだ。

その人が直面している個別の状況を考えもしないで、「あなたの人生がうまくいかないのは努力が不足しているからだ。物事を続けられないからだ」と非難すれば、不公平な世界を助長することになる。他人の人生とは厄介で、複雑で、本質的には理解し得ないものだ。だから、ただ非難しているほうがずっと楽なのだ。

作家のジェニファー・ヘイは、2022年に発表した小説『マーシーストリート（Mercy Street）』（未訳）のなかで、ボストンの荒廃した地域にあるウェルウェイズという診療所の常連患者に対する社会の厳しい見方を描写している。「薬物依存症、アルコール依存症、うつ病、不安神経症、避妊の失敗による妊娠、性感染症。これらの症状には〝徳の欠如〟という共通した原因があると考えられている。診断名がなんであれ、ウェルウェイズの患者には、抱えている問題が多かれ少なかれ彼ら自身の落ち度だと見なされているという共通点があった」[8]

人生がうまくいかないのは、あなたの努力が足りないからではない

どうして、このような状況になってしまったのだろうか？　ある日、ジャクソンホールやダボスに大富豪がつどい、大衆を大人しくさせておくために、「やめること」を悪者にしようと決めたのだろうか。

もちろん、そんなわけはない。世間の常識とは、そういうふうに誰かの手によって意図的につくられるものではない。歌や物語や学問、神話やゴシップ、広告のスローガンやバンパーステッカーなど、様々なものが蓄積されてできあがっていくものだ。目に見えるプロセスがあるわけではなく、いつのまにか社会に浸透していく。政府の命令の結果として生じるものでもない。だからこそ、いつそれが一般的な考え方として定着したのかは正確にはわからない。

ある日、ふと気づいたら、昔からずっとそうだったみたいに、そこにあるものなのだ。ルイ・メナンドが著書のなかで述べているように、「文化の変容は、意図的・計画的にではなく、社会的、政治的、技術的な変化がもたらす予測不可能な影響と、ランダムに発生する相互作用によって起こる」[9]のである。

私たちは、「努力すれば報われる」というスマイルズの考えが浸透した世界を生きている。こ

れを拡大解釈すると、その報いを享受できなければ自業自得ということになる。サラ・ケンジオールは、米国のカースト制度と社会正義をテーマにした啓発的なエッセイ集で、こう語っている。「富を功徳と言い繕《つくろ》うことにより、不運は不徳によって生じるものと見なされてしまう」[10]。つまり、人生がうまくいかないのは、あなたが目覚まし時計のスヌーズボタンを押してばかりいるからであり、スポーツジムのトレッドミルから降りるのが早すぎるからだと見なされるのだ。「失敗したのは、自分を信じなかったから、あきらめたから」──成功していないのは、様々な理由によって十分な機会が与えられていないからだと反論しても、そんなのは泣き言だと片づけられてしまう。

「やめること」に対する偏見を持つ人の問題点は、「自己変革は可能だ」と訴えることではなく(自己変革は可能だし、何も珍しいことではない)、「努力次第で必ず成功できる」と断言することだ。「社会や政治の問題は、あなたの運命とは無関係だ」と言い切ってしまうことだ。だから、不公平な税制度を改善しようとしたり、持ち家促進策について考えたりすることなど、無意味なのだ、と。

マルチ商法は、成功や失敗を単に個人の努力の結果と見なす人々の不安や弱みを巧みに利用している。マルチ商法の販売員は、収入を増やしたいと思うのと同じくらい、他人から認めてもらいたがっている。そして、失敗するのは努力が足りないせいだと自分に言い聞かせる。売り上げ目標を達成できないのは、製品や販売手法のせいではなく、途中であきらめたからだ、と。他の分野と同様、マルチ商法の世界でも問題の原因は「やめること」だとされているのだ。

しかし、「やめること」は問題ではない。それは、解決策である。

そして、もっとうまくやめる方法がある。

QUITTING許可証

あなたは、戦争や貧困、飢餓やホームレスなど、
社会の問題に関心を持っている。
そして、長年伝え続けられてきた
「社会から取り残された人々はもっと努力すればうまくいく」
というメッセージに疑問を抱き始めている。
権力者は、困窮している人々を悪者扱いするために
「我慢すれば成功できる」という根拠のない社会通念を利用している。
苦しい立場にある人を、「努力が足りない」と非難するのはやめよう。
それは個人の問題ではなく、社会全体の問題なのだから。

第3部

「あきらめる」実践ガイド

高く飛ぶには、
まず一歩後ろに下がること

――ダドリー・カールトン（1573―1632）

第7章

半やめ（セミ・クイット）
――一時停止とピボット

攻撃するために後退する。

――チャック・ローズことポール・ジアマッティ
（金融ドラマ『ビリオンズ』のセリフ）

タイガー・ウッズは物事をあきらめる人間だ。

こう書くと、ゴルフファンに9番アイアンで殴られるかもしれない。その前に、説明させてほしい。ウッズはメジャー大会で通算15勝を挙げ、このとてつもなく難しい競技で突出した能力を発揮し、「決してあきらめない」をモットーにしてきた人物であり、肉体的・精神的苦痛を乗り越えてきた偉大なチャンピオンだ。

２０２１年のマスターズトーナメントにおいても、これ以上ないほどチャンピオンにふさわしい偉大な競技者だった。

とはいえ、彼は優勝したわけではない。優勝争いをしたわけでもない。成績は、47位だった。

しかし、ウッズの動向を気にかける人の多くが注目したのは、彼が初めて、優勝しなくても満足しているように見えた点だった。その理由は、最後までプレーを続けられたからだ。２０２１年2月23日に交通事故で重傷を負ったウッズにとって、このトーナメントを最後まで戦い抜いたこと自体が大きな出来事だった。記者が質問した。[1]

「今回のトーナメントを最後まで戦い抜いたのは、あなたにとって勝利に等しいのでは？」

ウッズの答えは「イエス」だった。

ウッズはこのトーナメントで最後までプレーすることをあきらめなかった。だが、それまでとらわれていた完璧主義、つまり、完全な勝利以外は敗北と同じだという考え方は手放した。自分の仕事に対して狭い見方をするのをやめたのだ。

ウッズは、本章でこれから紹介する人たち（歴史上の有名人もいる）と同様、それまでの人生と仕事のすべてを変えたわけでも、それまでしてきたすべてのことに背を向けたわけでも、すばやく決定的な行動を起こしたわけでもない。自分に多くの富と名声をもたらしてきた競技を突然放棄したわけでも、ファンに繰り返し喜びをもたらしてきたキャリアに終止符を打ったわけでもない。その高いパフォーマンスの基準を急に引き下げたわけでもない。勝ちたいと強く願う気持ちは、長年の競技人生のなかで一切変わっていない。

　しかし、それでも、ウッズは手放した。1位になることしか受け入れないという競争スタイルを手放したのだ。そして、現在の自分の状況やこれまでの経緯に合わせた競争スタイルに変えた。

　あの日ウッズは、ゴルフをいったん半やめ《セミ・クイット》したのだ。つまり、部分的に、繊細な方法でやめた。同じことをしていながら、それを以前とは違った意味合いのものに変えた。これは私たちがより良く生きるための創造的な方法であり、歴史的に忌み嫌われてきた「やめる」という行為を、挫折や恥ではなく、喜びや満足をもたらし得るものに変える、建設的な方法である。

　いったん何かをやめることは、2022年の秋に話題になった、「クビにならない程度に最低限の仕事をする人」のことを指した「静かな退職《クワイエット・クイッティング》（quiet quitting）」とは意味合いが違う[2]。いったんやめるということは、こっそりさぼったり、すべきことを放置したりすることではない。やることを減らすのではなく、増やす。消極的になるのではなく、積極的になる。無気力になるのではなく、臨機応変に行動するのだ。

　ウッズは自らの置かれた状況を現実的に判断し、それに合わせてこれまでとは違うアプローチをとった。風向きを確かめ、難しいパットを打つ前に慎重に計算するのと同じように、身体の動きを微調整しながらショットを打った。現状に合わせて自分のできることをやり尽くしたという意味で、彼は紛れもない勝者だった。

64歳にして人生を変えた女性であるブライオニー・ハリスも、同じように何かをいったんやめている。英国で建築家や写真家などをしていた彼女は、10年前、ノルウェーに移り住んで心理療法士になった。けれども、職業を転々と変えてきたことは、彼女にとってそれほど大きな変化ではなかったという。周りからどう見えたかはわからないが、彼女自身はそれほどそれまでと違うことをしているという意識はない。2022年には記者にこう語っている。「私は、これをやめて別のことをしようという類いの決断はしたことがない。いつも少しずつ前に進んできただけよ[3]」

ウッズやハリスは、やめるという行為を、オン・オフのスイッチの切り替えではなく、ダイヤルの回しを加減するようなものだと考えているのだ。

あきらめたダーウィン

ヴァージニア大学の工学、建築学、経済学の教授で、『引き算（Subtract: The Untapped Science of Less)』（未訳）の著者であるライディ・クロッツも、この「いったん何かをやめること」の意味をよく理解している。

「私たちは『二者択一の思考』に苦しめられている。何かをやめたからって、それを続けてはいけないという意味ではないのに」と彼は言う。[4]

「やめることとやめないことは、対立するものではない」と彼は付け加える。それらは、何かをより良いものにするために、複数のスタイルを用いることなのだ。足し算のために引き算をすることもあれば、やめないためにやめることもある。

しかし、やめることは、「オール・オア・ナッシング」的なものにとらえられがちだとクロッツは言う。それを後押しするのが、「やめるのは失敗すること」「やめるのは二度と引き返せない状態に身を置くこと」といった考え方だ。だから人は、「やめたら負けだ」と考える。もしやめるのなら、すっぱりと、しかもドラマチックにやめるべきだ、と。

もちろん、やめることは、大胆なオール・オア・ナッシングの行為であってもいい。はっきりと拒絶することであってもいいし、物を投げたり、罵声を浴びせたりすることであってもいい。だがその一方で、それ以外の方法もあり得る。慎重に、計画的に、じっくり考えながらやめてもいいのだ。繊細で柔軟な行為であってもいい。チャールズ・ダーウィンがそうであったように、ゆっくりとした気づきや段階的な変化、しなやかな順応や慎重な方向転換を経た結果であってもいい。

1858年のある春の朝、ダーウィンは49歳で、知的能力の絶頂期にあった。消化不良を起こしやすかったが、それを除いては健康そのものだった。若き日の長い航海を経て、愛する家族とともに居心地のよい大きな家に住み、そこであれこれと思索を深め、アイデアを練っていた。彼は、なぜこれほど多くの異なる種が地球上を這い、飛び、跳ね、走り、歩き回っているのかを解明しようとしていた。

ダーウィンには有望な理論を思いついたという確信があった。すべての謎を氷解させる「わかった！」「アハ体験」のようなひらめきがあったわけではないが、興味深い結論につながる小さな発見を積み重ねていた。しかし、まだその発表には至っていなかった。もう1つ実験をしてから、もう1つ仲間の論文を読んでから、もう1つ事実を明確にしてから……。常に「もう1つ」やるべきことがあった。彼は「無類の先送り主義者」であり、優柔不断であることを悪びれもしなかった。

そうこうしているうちに、別の誰かがよく似たことを思いつき、それを論文にして発表しようとしていることを知った（詳細は後述する）。

最悪の事態だった。全生涯をかけた取り組みが、無駄になってしまうかもしれない――少なくとも、パラダイムを転換させるようなアイデアを提唱したという功績を認められるかどうかという点において。他の誰かが先に生物学に革命を起こせば、自分の発表はほとんど評価されないだろう。

その時点で、ダーウィンには選択肢があった。彼は腹を立て、嘆き、信じていない神を呪い、これまでと同じように研究を続けてもよかった。それは、優柔不断で遅れがちだった研究を、さらに数十年を浪費しながらのんびり進めるということだ。そんなふうに頑張って最後までやり遂げてもよかった。

あるいは、やめてもよかった。

ダーウィンは、その噂を知ったときにその場ですべてを投げ捨てたりはしなかった。怒りに打ち震えて顕微鏡のスライドを暖炉に叩きつけたわけでも、壁を爪でひっかいたわけでもなかった。研究を放棄したわけでも、原稿を燃やしたわけでもなかった。

ただし、ダーウィンはあきらめた。重要なのは、そのあきらめ方だった。彼はそれまで温めていた、研究成果の発表の方法をあきらめたのだ。そして、この状況下で、自らの研究をどう発表すれば世間にアピールできるかをじっくりと考えた。実のところ、それが功を奏した。

1年余りのち、『種の起源』が出版された。

少しずつやめて、少しずつ変わり続ける

やめることは、イエスかノーか、生きるか死ぬか、今やるか一生やらないか、というような極端な形をとる必要はない。必ずしも、すべてを吹き飛ばしたり、すべてを片づけたり、すべてをなかったことにしなくてもいい。わずかだが重要な軌道修正をすることも、やめることになるのだ――こうした小さな変化は、すべてを一度にやめるのと同じくらい重要なものになり

得る。これは何もないところからやり直すのではなく、すでに知っていることを活かしながら前に進む方法だ。

デイヴ・アレンは、そうやって人生を歩んできた。彼は昔から、あるものへの情熱を別のものへの情熱に変えることができた。彼にとってやめることは始まりであって、終わりではない。これまで学んだことは何ひとつ無駄になっていない。

「僕という人間でいるのは大変なことなんだ」[5]。苦笑しながら彼は言う。「ありとあらゆることを知りたいと思っているからね」

ペンシルベニア州スウィックリーで生まれ育ち、現在オハイオ州のシンシナティに住んでいるアレンは、15歳で初めてアコーディオン音楽を聴いたときの衝撃をうれしそうに振り返る。その後数回のレッスンを受けると、ダンスバンドでアコーディオンを演奏するようになり、かなりのギャラを稼いだ。大学時代は地元のラジオ局でＤＪの仕事をした。ラジオへの情熱は10年以上続いたが、やがてコンピューターに強い興味を持つようになった。

「プログラミングが好きだったので、ソフトウエア開発のビジネスを始めた」とアレンは言う。自分でつくった製品（そのなかには聴衆とその好みを測定するプログラムもあった）をラジオ局に売り込んだ。しばらくすると、今度は不動産業に目をつけた。買った物件を改修して販売するビジネスをするために、不動産業免許を取得した。「僕が次々と興味の対象を変えるのを見て、いろいろな人に『何があなたをやる気にさせるの？』と聞かれるけど、『恐怖心』だよって答えてる」と彼は笑う。「これからどうすればいいんだ？　っていう気持ちが常にあるんだ」それは経済面での恐怖でもある。請求書の支払いとか、そういうことだ。しかし、それ以上に彼が恐れているのは、退屈すること、さびつくこと、飽きることだ。

「こんな性分だからこそ、常に前進し、新しいことに挑戦し続けられるんだと思う」

2009年には飛行機の操縦訓練を受け始めた。

「途中で3回やめたよ。こんなに難しいことはない。でも、気づいたら再開してた」

そして、2年前にパイロットの免許を取得した。

妻のカレンは、コミュニティセンターで料理教室の講師をしている。

「ときどき、何かにもがいている僕を見て、『デイヴ、あきらめなさいよ』と言ってくる。でも僕はあきらめない人間なんだ」

つまり彼は、いったん物事をやめる人間だ。そして、そのアプローチを存分に活用している。

水から山へ

2017年に驚くべき人生の転換を果たしたトップスイマー、ヴィニー・マルシアノについて書かれた2021年の「ニューヨーク・タイムズ」紙の記事のなかで、デヴィッド・W・チエンは、いったんやめることを説明するときに使える素晴らしい比喩を思いついた。チェンは、一流選手は常に偉大でなければならないという大きなプレッシャーを感じやすいと指摘する。「でも、もし彼らがやめたいという願望を密かに抱いていて、『Ctrl』+『Alt』+『Delete』キーを同時に押してコンピューターを再起動するみたいにすべてをやり直したいと思っているとしたら、どうすればいいのだろう?」[6]

やめると言ったからといって、完全にやめる必要はない。ためらいや熟考の期間を経て、新たな目標を追い求めてもいい。ひょっとしたらそれは、以前の目標と似ているかもしれないし、そうでないかもしれない。いったん立ち止まってよく考え、方向を変えればいい。

マルシアノは、ニュージャージー州での高校時代に自由形と背泳ぎの年齢別記録を破り、マイケル・フェルプスと比較されるほどの水泳選手になった。その可能性は無限大に思えた。しかしその後、彼は姿を消してしまったように見えたとチェンは書いている。

だが、マルシアノは健在だった。プールにいないだけだった。水泳で燃え尽きたマルシアノは、登山家になっていた。スポーツへの情熱は衰えていなかった。ただその方向を変えただけだった。マルシアノは、水泳のキャリアを喜びよりも重荷に感じ始めていたとチェンに語った。「水泳はどこまでも続く梯子《はしご》のようだった。何をしていても、常に何かを達成することが期待されていた」

登山では、そうした不安を感じることなく、同じように身体を解放できた。

「遠回り」がもたらしてくれるもの

トップアスリート以外の人は、正反対の問題を抱えているかもしれない——どれだけ頑張っても一流選手になれないけれど、そのスポーツから離れたくない場合は、どうすればいいのだろう？

ジャーナリストのフランクリン・フォアは、その著書『サッカーが世界を解明する』（白水社）の最初のページで、サッカーが恐ろしく下手だったと正直に告白している。あまりにも下手なので、家族や友人は、フォアのプレーを痛々しくて見ていられないほどだったという。「両親は僕のプレーを見ないように、グラウンドに背を向けていた[7]」

彼は選択を迫られた。サッカーを取るか、自尊心を取るか——。

結果的に、どちらか1つを選ぶ必要はなかった。フォアは、サッカーへの愛と達成感の両方を手に入れることができた。選手としては極められなかったスポーツへの愛を、自分の得意分野、すなわち「考えること、調べること、取材すること、文章を書くこと」に結びつけたからだ。「サッカー選手として成功するのはまず無理だった。だから次善の策として、サッカーの専門家になろうとしたんだ」

フォアはサッカーをいったん半やめしたわけだ。

デイビッド・エプスタインは、著書『RANGE（レンジ）』（日経BP）のなかで、従来の成功観（長い時間をかけて、同じ目標に向かって最大限の努力をすることによってのみ得られる）は往々にして間違っていると指摘している。

エプスタインは、「メディアで語られるイノベーションや自己発見のストーリーは、A地点からB地点に到達するまでの秩序立った過程のように見えるかもしれない」と書いている。[8]でも、実際にはそうとは限らない。「様々な分野の研究は、挫折や試行錯誤が成功の原動力になること、有利なスタートを切るのが過大評価されていることを示している」

私たちは、このことをなかなか理解できない。成功者の経歴を見ても、「人生の最初から何をすべきかがわかっていて、脇目もふらずそれを実行し、まっすぐに進んだ。もちろん、決して途中であきらめなかった」というメッセージしか伝わってこないからだ。

私たちは、忍耐は必ず報われると教え込まれている。「遠回りしたって時間の無駄で、どこにも辿り着けない。スポーツ選手や俳優、起業家、CEOなどのヒーローたちはみんな、生まれながらにして自分の行きたいところをよくわかっていて、迷うことも疑うことも軌道修正することもなく、そこへ向かっていく。目的が定まらずにふらふら人生の道のりを進むのは、ぼんやりとした空想家だけだ」と。

やめる──その瞬間

僕は土壇場で気が変わり、政治学を学ぶために別の方面へ進んだ。世間は普通、「情熱や忍耐は重要ではない」とか「嫌なことがあったらやめればいい」とは言わない。しかし、「興味の対象や目標を変えるのはよくないことで、人生の競争に勝てなくなる」という考え方に従ってばかりいれば、面白みのない画一的な生き方しかできなくなる。[9]

──デイビッド・エプスタイン（ジャーナリスト）

実際には、デレク・トンプソンが「アトランティック」誌のエッセイで伝えているように、キャリアを何度も見直し、微調整して、進むべき道を少しずつ変えていくと、あとで大きな見返りが得やすくなる。様々な職業と収入の関係を調べた調査も、「キャリアの初期に転職回数が多い人ほど、働き盛りになって高い収入を得られる傾向にある。転職を繰り返すのは、落ち着きのない気まぐれな人間のすることのように見えるかもしれないが、実際には専門的技能とやりがいと十分な報酬を兼ね備えた仕事に出合える確率を高める」ことを示している。[10]

「ブルームバーグ・ビジネスウィーク」の記事でアリアン・コーエンが説明しているように、「自分に本当に相応《ふさわ》しい職業は何かを考え、違う仕事に就くのを検討すること」[11]は、キャリアを10年ほど積み、やる気をなくしたり不安を感じたりしている人にとって、非常に優れた戦略となり得る。コーエンが意見を聞いた雇用の専門家たちは口を揃えて「今の仕事に倦怠感を覚えるのは、その仕事に習熟し、成長の余地が少なくなっているからかもしれない」と言う。ある場所でこれ以上学ぶことがなくなったのなら、次のステップに進むべきときかもしれない。そんなときに大切なのは、自分が何者なのか、人生やキャリアに何を求めているのかをじっくり見直すことであり、その日の仕事をさっさと片づけて1日を終わりにすることではない。だから、これまで抱いていた希望や夢をひとつ残らず捨ててしまう必要はない。よく考えて軌道を修正したり、試しに脇道に入ってみたりすればいいのだ。いったん半やめすることで、新しい方向に進みやすくなり、人生の選択肢の幅が広がる。それは、誰かの許可を待つことなく、自分自身に「やり直し」をプレゼントする方法なのである。

前述のエプスタインは、ハーバード大学の「マインド・ブレイン&エデュケーション・プログラム」によるキャリアパスの調査で、予想外のことがデータから浮かび上がってきたとも述べている。研究者らは、「成功者の習慣やルーチンは、分野を問わずほぼ同じようなものだろう」という単純な結果を予想していた。ところが驚いたことに、「ほぼ全員が、一般的に『普通』と考えられているのとはかけ離れた人生のルートを辿っていた」

エプスタインはこんなアドバイスをしている。「ミケランジェロが大理石の塊に取り組んだように、人生という旅やプロジェクトに取り組もう。前進しながら学び、微調整していこう。必要なら、それまでの目標を捨てて大きく方向を変えてもかまわない」

「万能型」が不人気な現代

1723年には「マインド・ブレイン&エデュケーション・プログラム」の調査は存在しなかったが、当時17歳だったベンジャミン・フランクリンは、結果がどうであれ、自分が正しいと感じることをしなければならないと思っていた。他人が踏み固めた道には興味がなかった。彼は落ち着くことを知らない野心家だった。

現状への不満もあった。勤め先のフィラデルフィアにある印刷所を営んでいたのは兄のジェームズで、年下のフランクリンは軽んじられ、認められていないと感じていた。ウォルター・アイザックソンはその評伝のなかで、フランクリンはこうした状況から逃げ出そうと決心していたと述べている。

その後、彼はいったんやめた印刷の仕事に復帰する。それが彼の職業人生や財産の基盤になった。フランクリンは、兄の店を「いったん半やめした」だけだった。新しい人生の道へ進んだように見えたが、それは束の間の出来事だった。フランクリンはこのような一時的な方向転換を、長く多忙な人生のなかで何度も経験した。進むべき道を頻繁に変えたのは、彼を突き動かしていた強い好奇心の表れでもあった。

フロリダ州立大学で米国史を教えているエドワード・グレイによれば、「フランクリンは、物事の本質を理解するのが極めて速かった。[12] いつも同時にたくさんのことをしていた」と言う。世の中の仕組みに尽きることのない興味を持ち、次々と新しいことに飛びついては、昨日までの執着を捨てて、そのとき関心のあることに没頭する。このように「いったん半やめする」ことこそが、フランクリンの戦略だった。

やめる――その瞬間

高校時代は電気溶接工になりたかった。産業機械をつくる仕事がしたかったんだ。子どもの頃は模型ばかりつくっていた。ゴーカート用のエンジンもつくったし、物を分解するのも楽しかった。とにかく機械にとても関心があった。

「自分が人生でやりたいことはこれだ」と思っていた。物をつくったり、分解したりしたいなあ、と。

でも、1970年代後半という時代は不景気だったからお金で苦労している人の悲惨なケースもたくさん見てきた。大学を出ている両親は、私が貿易の授業を受けていると知ってひどく驚いていた。その後、シカゴ大学に進学し、研究が好きだと気づいた。僕にとっては、研究も一種の物づくりだった。

――エドワード・グレイ（歴史学者）

現代の学生はフランクリンのような「万能型」の生き方に理解を示していないようだとグレイは言う。学生たちは、フランクリンのように「いったん半やめすること」を繰り返せば、キャリアに対する真剣さを欠き、成功を遠のかせるだけだと恐れているようだ。「フランクリンのような生き方は、過去の遺物と見なされている。学生たちは、1つの目標だけに向かってキャリアを構築していくことこそが正しいと思い込まされていて、ロースクールなどで専門知識を身につけることばかり考えている。一直線の人生を歩むことに疑いを持っていない」

グレイは続ける。「学生たちは、様々な方法で創造性を発揮してみたり、あえて回り道をしてみたり、いったんやめてみたりといった、直線的ではないアプローチがもたらすメリットを見逃している。そういうことこそ、ビジネスとアートの両方で強みになるはずなのに」

大失敗を糧に

1996年、カリフォルニアで、あるジュース会社が大成功を収めていた。その16年前にグレッグ・ステルテンポールが友人たちと軽い気持ちで設立した、オドワラ社だ。年間売り上げは6000万ドル近くに達していた。だがここで、大惨事が起きた。大腸菌に汚染された同社のリンゴジュースを飲んだ数十人が重症となり、1人が死亡した。2年後、ステルテンポールは会社をやめ、自分の人生を見つめ直した。

ステルテンポールが再起を図るにあたり、飲料業界は最もありそうにない選択肢だろう。ところが、「ニューヨーク・タイムズ」紙が2021年に亡くなったステルテンポールの追悼記事で述べているように、彼はあえて飲料業界を選んだ。オーツミルクを使ったコーヒーなど、乳成分を含まない飲料を販売するカリフィアという会社を立ち上げたのだ。息子のイーライ・ステルテンポールがタイムズ紙に語ったところによると、ステルテンポールの心がふっきれたのは、「いったん半やめすること」の伝説的な実践者であるアップルの創業者、スティーブ・ジョブズから受けたアドバイスだったという。「スティーブは父に、既成概念にとらわれてはいけない。現在の状況を敗北ではなく、イノベーションや進歩的な考えを促す機会ととらえるよう励ましてくれた[13]」

これは、「災い転じて福となす」というよくある昔ながらの考えではない。辛酸をなめた経験を活かし、新たな知恵と視点を加えて、一度やめたことに再び挑戦するという大胆な行為なのである。

グレッグ・ステルテンポールがしたように、同じ業界で新たに会社をつくるには、最初の会社を経営していたときに抱いていた望みをいったん疑似的に手放す必要がある。これは、およそ1世紀前にヘンリー・ジェイムズが自らの執筆に対して行ったことと似ている。

1895年、ジェイムズは『デイジー・ミラー』や『ある婦人の肖像』などの名作を出版する一方で、劇作家になりたいという切なる願いを抱いていた。その年の1月5日、ジェイムズがロンドンの雑踏を歩いて喜び勇んで向かった先は、セント・ジェイムズ劇場で行われた自身の戯曲「ガイ・ドンヴィル」の初日公演だった。

この仰々《ぎょうぎょう》しい戯曲は、大衆受けするものではなかった。気取った言葉を並べたてた、長ったらしく大げさなセリフだらけだった。観客はつまらなそうにしていた。うんざりしたようなつぶやきが満員の劇場のあちこちから漏れていた。大詰めにさしかかり、主人公が長々としたセリフの最後に「私はドンヴィル家の最後のひとりだ！」と決めゼリフを吐くと、退屈そうな顔をした観客が「そりゃよかったな！」と叫んだ。

しかし、ジェイムズが味わった最大の屈辱は、ここからだった。作家のレオン・エデルは評伝のなかで、舞台に上がってカーテンコールのキャストに加わったジェイムズが、「やじや罵声、品のない口笛」を浴びせられたと述べている。[14]

主役を演じた俳優が「我々は最善を尽くした」と観客に語りかけてその場をしのごうとしたが、口の悪い観客が「お前のせいじゃない、つまらん戯曲のせいだ」と怒鳴り返した。ショックを受けたジェイムズは、のちに友人に宛てた手紙のなかで、この初日公演は「これまでの人生で最も恐ろしい体験」だったと打ち明けている。

このときジェイムズは、この失敗によって劇作家になるのをあきらめたと思われないように、大衆に迎合して、文体を変え、描いていたビジョンを変更して戯曲を量産し続けることもできた。あるいは、完全に筆を折るという反対の方法もとれた。そうすれば、二度と自分の作品を世間の目にさらすという危険を冒すことなく生きていける。

だが、天職である作家という仕事をいきなりやめてしまうのはあまりにも極端な方法だった。とはいえ、何らかの変化を起こす必要はあった。セント・ジェイムズ劇場のときのような出来事が再び起きれば、今度こそすべてが終わってしまうだろう。

ジェイムズは変化を起こした。ただし、それは小さく、ターゲットを絞ったものだった。彼は、書くことをいったんやめたのだ。つまり、劇作はあきらめたが、書くこと自体はやめなかった。関心を小説に戻し、『ねじの回転』や『黄金の盃』など、今日最もよく知られている物語や小説の多くを創作した。１９１６年に亡くなるまでに戯曲も何点か書いたが、いずれも、酷評された『ガイ・ドンヴィル』のような大仰な作品にはしなかった。

先を越されたダーウィンが選んだこと

１８５８年の春の朝、一通の手紙を開封し、その内容に目を通したチャールズ・ダーウィンは、人生の正念場を迎えることになった。

彼は20年以上のあいだ——少年時代からあらゆる生物を見つけては夢中で研究のまねごとをしてきたことを含めれば、全人生を——何かをじっと観察し、辛抱強く考え続けることに時間を費やしてきた。

だが、おそらく少し辛抱強すぎた。

というのも、20年前に標本収集の旅から戻ってからというもの、ダーウィンは少し……いや、かなり行き詰まっていたからだ。ロンドンから南東に33マイルほど離れたダウン村の古い邸宅でほとんどの時間を過ごし、完璧主義にとらわれながら、望み通りにつくり上げた実験室でゆったりと研究生活を送っていた。

相続した財産のおかげで、煩《わずら》わしい定職に就いていなくても、大家族を養いながら科学研究を続けられる。ダーウィンはこの閉ざされた環境のなかで、探究と発見に没頭していた。研究の結果は細かく記録しているが、それらを発表する緊急性は特に感じていなかった。好きなときに好きなことができるだけの資金もある。

その日、ダーウィンは、状況が一変することになるとは夢にも思わず、ほとんど面識はないものの同じ博物学者として尊敬している人物からの手紙をのんきに開封した。手紙の内容に目を通すと、希望も野心も名声への夢も、高波にのまれるみたいに一瞬にして消えてなくなった。

差出人はアルフレッド・ラッセル・ウォレス。ダーウィンの分身のような人物だ。

ただし、ウォレスには富もなければ、カブトムシやクラゲについてただぼんやりと考えている時間もなかった。ウォレスはインドネシアとマレーシアで行った最近のフィールドワークをもとに、ある論文を書き上げていた。添えられていた手紙には、人脈のあるダーウィンがこの論文の出版に協力してくれるのを期待していると書かれている。

ウォレスの論文は、種がどのように異なる形態に分化していくかについての理論を概説していた。生存競争により、絶滅する種もあれば繁栄する種もある。要するにそれは、ダーウィンがこれまで研究してきて、まだ発表していなかった理論をまとめたものだった。

ふたりはほぼ同時に、ほぼ同じ革命的なアイデアに到達していた。ただし、ウォレスはその内容を書き記し、積極的に出版を目指している。ダーウィンはそれを読んでしまった今、ウォレスの研究を知らなかったとは言い張れない。

「優先順位のことばかり気にしている自分が惨めだ[15]」

取り乱したダーウィンは、友人たちに手紙で不満をこぼすようになる。「僕の独創性が、何であろうとすべて打ち砕かれてしまうことになる。すっかり参ってしまって、何も手につかない[16]」

このとき、ダーウィンには選択肢があった。1つは、自分を不利な立場に導いた、研究を発表することへののんきな態度をさらに強めること。つまり、方向転換を拒み、自分のルーチンに固執し、忍耐強く今までと同じことを続ける。ただしこの場合、結局は何の成果も得られないかもしれない。

もう1つは、いったんあきらめること。ダーウィンはこう考えることができた。「僕の計画は、思った通りにはいかなくなった。ここで、すべてではないにしろ、いくつかのやり方を変える必要がある」と。そうすれば、状況を見直し、何を間違えたのかをはっきりさせることができる。

結局、ダーウィンは後者を選び、自分の研究成果を、それまで考えていたのとは違った形で世の中に発表すると決意した。ダーウィンの評伝を著したジャネット・ブラウンが書いたように、失意のうちに「生涯をかけてきた研究成果を自分だけの手柄にする権利」を手放したことで、結果的にダーウィンはこの仕事を新しい観点からとらえ、成功への道があるかもしれないと気づくことができた。ウォレスに先を越されて大きなショックを受けたが、それをバネにしたのだ。

ブラウンは次のように説明している。「ダーウィンは長いあいだ不安に苛まれながら、慎重に慎重を重ねて、科学的な完全性を追い求めてきた。だが、ウォレスの一件ですべての障壁が取り除かれた。心は挫けていたかもしれないが、ダーウィンは毅然とした態度で立ち上がった。決意がみなぎっていた[17]」

自分の理論をいじくり回すのをやめられない、気難しくて優柔不断な男はもういない。「努力家だったダーウィンだが、それまで以上に努力した。ウォレスの論文がダーウィンに必要だった力を与えてくれた」ともブラウンは書いている。人格者でもあったダーウィンは、ウォレスの出版に協力した。一方で、自身の仕事も世に出し、ついに、『種の起源』を刊行したのだ。疑似的にあきらめたこと――アイデアそのものではなく、アイデアを提示する方法を手放したこと――で、ダーウィンは本を完成させることができた。ブラウンはこの書を単なる科学的論文ではなく、「永遠の芸術作品[18]」だと述べている。

QUITTING許可証

あなたはそわそわしている。
何か新しいことに挑戦したいと思っている。
まだ夜中にアイデアを練っているような段階だが、
そろそろ変化を起こすときだ。
とはいえ、これまでしてきたことを
完全に断ち切るのはためらわれる。
ならば、すべてを手放すのではなく、
部分的に手放してみたらどうだろう。
やめることは、白か黒かの行為である必要はないのだから。

第8章 「仕事で成功するための道のり」を手放す

戦略的にやめることは、
組織の成功の秘訣である。

――セス・ゴーディン（著作家）

2014年末のカリフォルニア州パロアルトの、太陽の光がきらきらと輝くとても美しい日。小さな雲がホイップクリームの渦巻きのように青空にちりばめられている。だが、物事はうまくいっていなかった。

エリザベス・ホームズが、いつものようにきびきびと、考えごとをしながら、「私の邪魔をしないで」と言わんばかりの足取りで、2003年に自身が創業した医療技術企業セラノスの本社に入っていく。しかし、いつものようにスタッフにろくに会釈もせずにすぐにオフィスのなかに姿を消すのではなく、この日は別のことをした。

ホームズは、従業員全員参加の会議を招集した。このとき、彼女は集まった従業員に対して――その数分後には電話会見を開き、テクノロジー業界のジャーナリストたちに対して――こう言えたかもしれない。「装置が動かない。とにかく動かない。どうやって直せばいいのかもわからない。だから会社を畳むことにする。やめるわ」

でも、彼女はそうしなかった。それどころか、さらに数年を費やして、新しい装置とそれが世界を変える可能性を頑なに主張し続けた。2018年には、やめるか続けるかの決断は、彼女の手に負えなくなっていた。同社の経営は破綻した。

ホームズと幹部を待ち受けていたのは、連邦政府からの摘発だった。ホームズが夢見た、指先から一滴の血液をとるだけであらゆる病気を調べられるという革命的な血液検査装置（憧れの発明家に敬意を表して「エジソン」と名付けられていた）の発明は、失敗に終わった。

多くの人にとって、ホームズの行動は不可解である。この装置が失敗作だと最初にわかった時点で、なぜ、やめなかったのだろうか？　なぜ、負けを認めて、撤退しなかったのか？　なぜ、立ち止まってよく考え、新しいプロジェクトを始めなかったのだろう？

セラノスの没落はビジネス界にとってこれ以上ないほどの教訓になった。傲慢と貪欲と――

ホームズを非難する人にとっては――ペテンの危険性についての教訓だ。一方で、別の教訓もある。セラノスの没落は、「仕事をやめるべきときにやめなければどうなるか」を、見事に物語っているのだ。

これは誰にとっても重要な教訓である。なぜなら、私たちは皆、エリザベス・ホームズなのだから。

退職と楽観主義

といっても、誰もが彼女のようにいつも黒いタートルネックを着ているわけでも、スタンフォード大学を中退して起業し、大失敗しているわけでもない。しかし、広義の意味においては、誰もがエリザベス・ホームズなのだ――なぜなら、私たちは皆、負けるとわかっていながら勝負を続けようとすることがあるから。

仕事で困難な状況に陥り、やめるか続けるかの決断を迫られれば、誰でもエリザベス・ホームズと同じことをする可能性がある。高給取りの上司であろうと最低賃金で働く従業員であろうと、コンピューターのチップをつくっていようとカップケーキをつくっていようと、電気技師であろうと教師であろうとトラック運転手であろうと、（書けずに苦しんでいる）作家であろうと、やり手の起業家であろうとオリーブ園の支配人であろうと、取締役会や中間管理職から質問攻めにあっていようと、明らかにうまくいっていない状況でやめる必要性を感じたとき、誰もが2つの大きなハードルに直面する。それらはホームズが直面したもの――そして尻込みしたものと同じであり、また彼女を破滅に追いやったものである。

1つは恐怖。もう1つは、「サンクコストの誤謬」だ。

キャリアについてじっくり考えて重要な決断をするのは、オフィスにひとりでいるときだと思うかもしれない（あるいは、シャワー中に歌を熱唱しながら考えるのが一番という人もいるだろう）。しかし、そうではない。恐怖はどこにでもつきまとう。本当はやめたほうがいいとわかっているのに、気がつくと、悩んだり、ためらったり、ぐずぐずしたり、遅らせたり、言い訳をしたりする状況に陥っている。といっても、だからといってあなたが臆病者だということではない。これまで教えられてきた世間的な常識に忠実なだけだ。

その常識とは、ミスター自己啓発ことサミュエル・スマイルズが説く、疑わしい考えに基づいている。そう、善意とはいえ人々を誤った方向へ導いたヴィクトリア朝時代の紳士であるスマイルズは、「生涯をかけて1つの目標に向かってひたすら突き進むべきだ」と提唱した。

スマイルズは、「鞭をつくっているのなら、鞭をずっとつくり続けなさい」とアドバイスした。「石切りをしているのなら、石を切る仕事をずっと続けたほうがよい。この仕事をやめて酪農をしようとか、養鶏をしようとか、そんなことは夢にも思うべきではない。いったん決めた生きる道を途中で変えるなんて、臆病者のすることだ。やめるのは、負け犬のすることだ」と。

根気強くひたすら我慢するということの考え方の裏には、「今の仕事をやめたら、すべてを失うかもしれない」という恐怖心が潜む。次の仕事もうまくいかなかったらどうなる？　その次もうまくいかなかったら？　そもそも、やめるタイミングはどう判断すればいい？

やめることにはリスクがある。100％満足しているとは言えない仕事をやめてもっと良い仕事を探すには、未知なるものを信じる気持ち、理想の仕事を必ず見つけるという信念が必要だ。しかし、それにはまず、不安な気持ちを受け入れ、それを撃退することだ。そして、暗く混沌とした人生に、明るくはっきりとした道筋が現れると信じることだ。

MSNBCのキャスターで作家のレイチェル・マドーは、自身のキャリアの軌跡をインタビューでこう語っている。「私のキャリアは、まず明確な目標を立てて、それを実現するために全力を注いできたという類いのものではなかった。皆さんが思っている以上に、私は千鳥足の酔っぱらいのようにキャリアにつまずいてきた。でも、こうしてここに辿り着いたので、その経験にも価値があったのだと思っているわ」[1]

「私は、ケーブルテレビのニュース番組の司会で年に何百万ドルも稼げるような、優秀で、話し上手な人間ではないんだけど」というあなたのぼやき声が聞こえてきそうだ。前述のエリザベス・ホームズの経歴のところでは、「私はシリコンバレーのベンチャー界隈で、豊富な人脈を持つ、先見的なカリスマ起業家ではないんだけど」とつぶやいたかもしれない。

そのとおりだ。あなたも私もマドーでもなければ、ホームズでもない。でも、やめることに恐れを抱いているという意味では、私たちは皆同類だ。やめることは、「うまくいくかもしれないし、いかないかもしれない。とにかく、やってみな」という貼り紙がしてある恐ろしい空間に想像力を飛躍させることなのだ。

マドーは2022年、15年近く続けたMSNBCでの平日夜の司会の仕事をやめ、長期的なプロジェクトや著書の執筆に専念するようになった（彼女はまだ同局に在籍しており、週に一度の夜の番組と選挙報道特番には出演している）。彼女はやめたことに怯えず、むしろ奮い立っているように見える。

セラノスの革命的な血液検査装置「エジソン」に致命的な欠陥があることが明らかになったとき、ホームズがもっと早くこのビジネスから撤退していたらどうなっていたかは誰にもわからない。あるいはマドーが、それまでとは別の方向に突き進むことをせず、キャリア最初の「あまりしっくりこない仕事」を我慢して続けてきたとしたら？　どちらの女性にとっても、やめること――またはやめないこと――は、人生の決定的な瞬間であり、未来への分岐点であった。

ひとりはやめるべきときにやめなかった。もうひとりは、やめることが強い力になった。

たしかに、やめたら良いことが起こると信じるのは容易ではない。私たちの頭のなかには、「今の道をあきらめたら恐ろしい結果になる」「辛抱することが常に正しい道である」といったスマイルズのメッセージが叩き込まれている。もしやめれば、その後、何か悪いことが起きたときに、「自業自得」という誰も喜ばない言葉で非難されることになる。

怖いのは当然だ。これは人間にとって、未知の未来に対する極めて理にかなった反応だ。仕事をやめれば、収入だけでなく、居場所も失う。仕事は、私たちのアイデンティティの大きな部分を占める（この点については第11章で詳述する）。

仕事をやめるということは、夢に別れを告げることでもある。とはいえ、そもそも、やめるべきときにやめられないのは、お金や仲間意識、地位、野心などが理由ではない。それは、より良い未来を信じること、不運や愚かな失敗に直面してもその信念を貫くことが難しいからだ。恐怖に打ち勝つ唯一の方法は、楽観主義者になること。ここでの楽観的な考えとは、絵に描いた餅でも、愚かな振る舞いでもない。それは、理にかなっていて、妥当で、努力によって得られた楽観主義だ。火をつけるために「やめること」がどうしても必要となる楽観主義だ。

私の言うことが信じられなくても、ベッツィ・スティーヴンソンの言うことなら信じられるだろう。オバマ政権時代に大統領経済諮問委員会の委員を務め、現在はミシガン大学の公共政策学および経済学教授である彼女は、米国で過去最多の退職者数が記録された2021年に、ポッドキャスト番組「エズラ・クレイン・ショー（The Ezra Klein Show）」で次のように語っている。

「2008年のリーマンショックのとき、退職者数のデータを見て『さあ、みんな。仕事をやめましょう』と思ったわ。なぜなら、やめるのは物事を楽観視するのと同じだから。時間がかかってもかまわない。今の仕事をやめてもっといい仕事や他の何かを見つければいい。自分に合うものをね[2]」

編集者でありライターでもあるルシンダ・ハーンも同じ意見だろう。彼女は、辞職しないこと――恐怖に負けて満足のいかない仕事を続けてしまうこと――がもたらす不利益は思っている以上に大きいと警告している。

「恐れ」に気づくこと

3年前、ノース・カロライナ州の出版社で働いていたハーンは、経営陣が刷新されたことをきっかけに窮地に立たされた。「新しく来た幹部から軽く扱われるようになったの。認められていないと感じることが増えた。私のことを解雇に追い込むつもりじゃなかったとは思う。私はチームにとって重要なメンバーだったから。高給をもらっていたし、前年には3割も昇給して昇進もしていたし[3]」

とはいえ、もはや仕事の内容にも、窮屈で居心地の悪い職場にもうんざりするようになった。「『こんな職場、やめてやる！』と啖呵《たんか》を切りたかったけど、できなかった。でも、周りから粗末に扱われている状況を我慢していると、いつかそのツケは回ってくる」

ハーンは、「嫌な職場はすぐにやめ、自分に合う仕事を探す」という、これまで何度もしてきたことができない自分に驚いた。悪い状況から抜け出して前に進む能力は、ノースウェスタン大学時代にテニスとソフトボールに打ち込んでつらい経験をしたことがきっかけで身についたものだ。これは彼女の生き方になっていた。「私のアイデンティティの根底にはアスリートだった自分がいる。何度も膝を怪我した。競技をやめなければいけないと思っていたけど、やめられなかった。そしたら、膝を大怪我してしまったの」

もっと早く競技をやめていたら、靭帯の損傷はかなりの部分で避けられたかもしれない。しかし、スポーツは単なる気晴らしではなく、彼女が自分らしくあるために必要なものだった。「競技をやめなければいけなくなって、途方に暮れた。母に電話して、『私にはもう何もなくなった』と泣きながら言った。心に開いた大きな穴を埋める何かが必要だった」

大学卒業後、ハーンは仕事を通じて様々な経験を積み、自分を磨いていこうと決意した。誰かの期待に応えるためではなく、自分の望みに従って人生の決断をしたかった。業績や給料や肩書ではなく、自分という人間を評価されたかった。その過程で、やりがいを感じなくなったり、労働条件が悪くなったりすれば、躊躇なく仕事をやめてきた。

だからこそ、ノース・カロライナで、才能を活かせず、自尊心も満たせず、惨めな気持ちになる仕事から抜け出せない状況に陥ったことに戸惑った。「戦略的にやめること」のメリットは理解していたし、自分の人生でも、友人の人生でも、それが効果的であるのを何度も目にしてきた。では、なぜ今回はうまくいかなかったのか？

それは、突然の恐怖に襲われたからだった。そのために、「やめることは人を最大限に解放する」という自分にとって一番大切な人生の鉄則を忘れてしまったのだ。しかし、その恐怖が自分を思いとどまらせていることに気づくと、彼女は勇気を取り戻した。原因を認識できたことで、恐怖を乗り越えられたのだ。会社と交渉して手厚い退職手当を手にすると、自宅を売却してミシガン州北部の小さな町に引っ越した。そこですぐに素晴らしいリモートワークの職を見つけ、大好きな今の生活を手に入れた。

「サンクコストの誤謬」

私たちが仕事をやめるべきときにやめられないもう1つの要因は、「サンクコストの誤謬」として知られる悪名高き心理的傾向だ。最盛期のセラノスのような時価総額90億ドルの企業の経営者ではなくても、思い入れのある事業に時間やお金、努力、希望をたっぷり注ぎ込んでいれば、誰だって簡単には途中でやめにくくなる。

そのため、あきらめることが必要だとわかっていても、躊躇してしまう。やめるべきなのは明らかなのに、進み続けてしまう。投資してしまった時間、お金、感情エネルギーを取り戻そうとするからだ。しかし、投資した分はもう取り返せない。これが、サンクコストの誤謬だ。

やめるべきだとわかっているのに、やめるのは時間と労力の無駄遣いであり、敗北だと感じてしまう。だから、必要以上にそれに長くしがみついてしまう。

ホームズにも誰にも同じような心の弱さがあり、それが彼女の行動に影響してしまったはずだ。それに、誰かの大失敗を後で分析するときには、過度に単純化してしまうというリスクもある。しかし、大まかに言えば、もしホームズが、自社開発していた血液検査装置の名前の由来となった人物のように行動していれば、彼女は別のスタートアップ企業を立ち上げ、成功していたかもしれない。血液検査装置の「エジソン」が機能しないことが内部関係者の目から見て明らかになったとき、ホームズは発明家のトーマス・エジソンの例に倣い、いったん開発をやめて軌道修正することもできただろう。これは、企業のトップであれ従業員であれ、誰でも自分のできる範囲でとることのできる選択肢だ。

サンクコストの誤謬を回避するにはどうすればよいだろうか？ あなたの心のなかのトーマス・エジソンに従ってみよう。エジソンこそ、「やめること」の名人だった。

発明王エジソンは「やめること」の天才だった

試行錯誤――無益な方法を捨て、有望な方法を探すために時間とお金と勇気を使うことを繰り返す――は、エジソンの得意技だった。もし、「やめること」の特許を取得できるのなら、彼はそうしたにちがいない。エジソンは、「やめること」が成功するためにどれほど重要かを理解していた。うまくいかない方法には見切りをつけ、もっとうまくいく方法を探し求める。発明ではそれを繰り返すことが何より大切なのだ。

やめることに対するエジソンの類いまれな才能は、ゴムを生産できる米国産の植物をずっと探し求めていたことからも読み取れる。彼は、第一次世界大戦の数年前から1931年に亡くなるまで、このことに取り憑かれていた。伝記作家のエドマンド・モリスによれば、この探求はエジソンの生涯で最後の大冒険となった。[4] ゴムは、戦時においては勝つための、平時においては経済を左右する重要な商品だった。歴史学者の多くが、20世紀初頭のゴムの重要性を、今日の石油になぞらえている。つまり、必要不可欠なものでありながら、手に入りやすい場所から十分な量を確保できない状況だった。

これはエジソンにとって、アイデアを思いついた瞬間に椅子から勢いよく立ち上がり、噛みつぶした葉巻を床に投げ捨て、一目散に研究所へ向かう類いの挑戦だった。彼は南米や東南アジアの樹液に頼らず、国産の植物を使って自らの研究所でゴムをつくることを夢見ていた。この探求は必然的に、エジソンの功績の数々を特徴づける「やめること」が大量に求められるものになった。

エジソンは、トウワタ、タンポポ、アキノキリンソウ、キョウチクトウ、スイカズラ、イチジク、グアユールなど、1万7000種以上のあらゆる植物から樹液を抽出し、加硫処理を試みた。「エジソンは車を運転していて雑草が茂っている場所を見かけると、そのまま通り過ぎることができず、車から飛び降りて良さそうな品種を探した」とモリスは記している。[5] 何度となく、「これだ」と思う植物と出合った。期待できる結果が得られ始めると、ノートを取り出してその植物名の横に大文字で「PHENOMENON（素晴らしい）」と書いたが、実験は決まって期待はずれに終わった。あきらめて、また次の植物を探し求めた。

もし彼が、たとえばタンポポのような1種類の植物の可能性にこだわり続け、簡単にあきらめない自分を肯定していたら、大量の時間と労力を無駄にしていただろう。やめることはエジソンにとって失敗ではなく、成功するための手段だった。後退ではなく、前進だったのだ。

そして、たとえエジソンが成功しなくても（彼の死後、合成ゴムは他の人によって開発された）、重要なのはその探求の方法だった。それはテンプレートとして、誰もがまねられるものだった。私たちは天才ではないかもしれないが、エジソンのように「うまくやめる方法」は学べるのだ。

やめる——その瞬間

私の義父は、教師の仕事に嫌気が差していた。義父母は昔からカリフォルニアが大好きだった。あるとき義父が電話をかけてきて、「やめることにする」と言った。私たちは「どういうこと？」と思った。彼は「ピアノの調律を勉強してるんだ。電話帳でピアノ調律師を調べたら、自分の苗字（バレンジャー《Ballenger》）が一番上に表示される地域を探してそこに住むつもりだ」と言った。ふたりはすべてを売り払い、トラック1台分の荷物と犬2匹だけを連れてアイオワを去った。[6]

——キャシー・バレンジャー

フェイスブックでかつて最高執行責任者を務めたシェリル・サンドバーグの有名な言葉を借りれば、エジソンはやめることに「リーン・イン」（仕事などに積極的に取り組むこと）したのだ。彼は、「連続してやめる」というテクニックを編み出した。本当の忍耐とは、やめないことではなく、戦略的に、賢く、楽しみながら、直感に従ってやめることだと理解していたのだ。それは、どんな価値ある探求にも起こる停滞期や浮き沈みに耐えることである。

ケンタッキー州のルイビル大学哲学教授であるガイ・ダヴは、ビジネスと同様、科学も「ひと筋縄ではいかず、面倒で、時には破滅的な過程を経ることもある」と言う。[7] 現在という安全な場所から科学や技術の飛躍的進歩への道筋を辿れば、ただまっすぐに登ればいいだけの、なだらかな坂道のように見えるかもしれない。途中で起こる間違いはすべて想定内であり、どんな失敗も正しい方向に向かっていることの証明にすぎない、とでもいうように。そんなことはあり得ないのだが、後から振り返るとそう見えてしまうのだ。

ダヴは2022年の春、ルイビル公共図書館で、失敗することや、やめることが科学の進歩をどのように後押しするかについての講義を行った。彼はその一方で、混乱と不確実性の要素が大きなベンチャービジネスの世界では、誰にとっても生き延びるのが容易ではないことも認識している。

「僕たちは、イーロン・マスクやスティーブ・ジョブズ、あるいは今世間の注目を集めている新進の起業家たちの成功までの道のりを見て、『彼らは失敗したからこそ、それを糧にして成功をつかんだ。だから、彼らがどんな失敗をしたかに目を向けるべきだ』といった単純な図式を描いてしまいがちだ。だが、これについては十分に注意する必要がある」とダヴは言う。「失敗の謎を解き明かすことに意識を向けすぎるのではなく、失敗がいかに恣意的なものであるかを理解することだ」

「ビジネススクールには現在、〝成功するために失敗する〟という考えの新しいモデルがあり、失敗を成功に至るために欠かせないものと見なす動きが高まっている。だが、これは誤解を招きやすいので、僕は懐疑的だ」

あなたも、自分のキャリアについて誤った決断を下したことがあるだろう。だが、その決断を下した時点では、それが失敗するかどうかはわからなかったはずだ。あなたは、手元にある情報に基づいて最善の判断をしただけだ。成功するためにわざと失敗したのではない。

そして、今後あなたがそのような決定を下す際には、「やめる」という選択肢があるということともどうか忘れないでほしい。

セルフイメージが邪魔をする

「僕たちは、十分にやめていない」[8]、ジョン・A・リストは断言する。「なぜなら、〝やめることは悪〟だと社会に教え込まれているからだ。〝やめる〟というのは嫌な言葉だ。しかし、やめることは、アメフトで言えばとっさの戦術変更みたいなもの。作戦を切り替えてチームを有利な状況に導けるNFLのクォーターバックは、大きな称賛を受ける」

やめる――その瞬間

その週末の終わりに、僕は自分がどんなに熱心にゴルフに取り組もうと――そして、自分にとってゴルフが何を意味していようと――PGAツアーに出場するようなゴルファーにはとうていなれないという事実をようやく受け入れた。そして、夢をあきらめた。[9]

――ジョン・A・リスト（経済学者）

シカゴ大学経済学部教授であり、ウーバー・テクノロジーズとリフトのチーフエコノミストを務めたこともあるリストは、最新著書『そのビジネス、経済学でスケールできます。』（東洋経済新報社）のかなりの部分を、やめることのポジティブな側面を説明することに割いている。「Quitting Is for Winners（やめるのは勝者になるため）」と題した素晴らしい章では、「上手くやめることは、事業を拡大させる秘訣である」と主張し[10]、企業は「行き詰まったアイデアは断念して、時間とリソースを浮かし、成功の可能性の高い別の何かに投資すべきだ」と付け加えている。これは経済学では、「機会費用を重視すること」と呼ばれている。

このことには、言葉が持つニュアンスも関係しているとリストは言う。「人は『やめる』という言葉を聞くと、この人はやめて1日中ごろごろするつもりだなと考えがちだ。だから『方向転換《ピボット》』という言葉を使うといい。方向転換とは、それまでしていたことをやめて、別の新しい何かを始めることだ——単にやめるのではなく、始めることも意味している」

従業員も経営者も、物事がうまくいかなくなったら「やめる」という選択肢を検討すべきだ。そうしなければ、「問題が山積みなのに、なぜやめて別のことを試みなかったのか？」という疑問を抱かれ、セラノスやＷｅＷｏｒｋのようになってしまう。

『The Cult of We: WeWork, Adam Neumann, and the Great Startup Delusion』（未訳）の共著者であるエリオット・ブラウンとモーリーン・ファレルによると、ＷｅＷｏｒｋの創業者であるアダム・ニューマンは、その魅力とセールスマンシップによって、同社のまずいアイデアを長く継続させることができたという。「彼は自分が見ている未来を、テーブルの向こう側にいる人たちに見せることができた。それは、一種の手品だった」[11]。そして、手品はうまくいかなくなった。２０１５年、ＷｅＷｏｒｋは１日あたり１００万ドルの損失を出した。その凋落ぶりは、２０２２年にＡｐｐｌｅ ＴＶ＋の『WeCrashed～スタートアップ狂騒曲～』でドラマ化されている。

ホームズとニューマンは自尊心が高く、投資家や従業員、雑誌に掲載された自らの華麗な経歴に憧れてくれる人たちなどから、どう見られているかをとても気にしていた。だが彼らの転落の主な理由――そして、うまくあきらめられない人がつまずく主な理由――は、自分から見えているセルフイメージを過剰なまでに気にすることのほうにありそうだ。

ペンシルベニア大学ウォートン校で教えるアダム・グラントによれば、セルフイメージは「戦略的にやめる」うえで大きな障壁になり得る。良いセルフイメージを無理に保とうとすると、ＣＥＯは大失敗を避けるために迅速に行動できなくなり、従業員はやりがいのない職場をやめにくくなる。

「ウォートン校の学生から嫌というほど聞かされる話がある」とグランドは言う[12]。「彼らは意気地なし《クイッター》と呼ばれるのが怖くて、パワハラ上司や有害な文化、誤ったキャリアの選択から逃れにくくなっている。それは、セルフイメージだけでなく、アイデンティティの問題でもある。つまり、人からクイッターと見られることだけではなく、『自分はクイッターだ』という自己卑下した認識を持つことに不安を抱いている。鏡に映るのが、何かをあきらめた人間であることが嫌なのだ」

そのような考え方を持っているとしたら、やめることを嫌がるのも無理はない。やめるのは、その仕事がうまくいっていないからだ。それは周りや、何より自分自身を失望させる。それに世間は、「途中であきらめるのは、弱い者のすることだ」というプレッシャーをかけてくる。

だが、私たちは忘れてしまっている。やめることは人間が生き延びるための本能であること、人間の脳がやめることを得意にしているのは進化上の根拠があること、私たちには「やめることは道徳にもとる行為である」という(サミュエル・スマイルズが広めた)誤解を押し付けてくる世間の常識を書き替える能力があることを。

「やめること」はいまだに最終手段のように扱われている。これは残念なことだ。なぜなら、「やめること」を戦略的に取り入れ、適切かつ創造的に利用すれば、停滞したキャリアを立て直したり、新しいビジネスを発展させたりすることがしやすくなるからだ。

ニューヨーク州ロチェスターのキャリアカウンセラーであるルース・スタンバーグは、彼女のところに相談に来る人はたいてい人生の岐路に立たされていて、やめることを選択肢に入れるのをためらいがちだと言う。彼女の仕事は、ある程度の職務経験がある人々が、自信を持って業界や職種を変えたり、起業したりするのを支援することだ。相談者が今の仕事や職種をうまくやめられない理由は、現状がそこそこうまくいっている（ものすごくうまくいっているわけではないが、悪くはない）から。これまでのキャリアで築いてきたポジションを失うことも恐れている。

「これは大きな葛藤よ」と彼女は言う。[13]「彼、彼女らが失敗を恐れているのが伝わる。はっきりそう言うわけじゃないけど、なんとなくわかるの」

スタンバーグにはその気持ちがわかる。中西部で長年ジャーナリズムと出版の仕事をして燃え尽きた彼女は、やめて別の分野で起業し、新しいスキルを磨こうと決意していた。しかしこの大きな転換は、自分自身に対する見方を変えることでもあった。それは会社員から中小企業の経営者に転身するにあたり、何よりも難しいことだった。

「大きなキャリアチェンジは、20代から30代前半の人にしかできない」とよく言われる。まるで、夢には有効期限があるかのように。だがスタンバーグはそうではないと断言する。

「今の仕事をやめて別のことに挑戦したいけれど、もう若くないので不安」という人に、彼女はアドバイスする。転職市場での自分の価値を現実的に評価してみること。ある業界での経験だけでなく、どんな業界でも求められる対人能力や、柔軟性、行動力も武器になる。「大切なのは、履歴書ではなく人間関係よ」と彼女は断言する。

誰もが今の仕事をやめて起業家になりたいと思っているわけではない。だが、それを望んでいる人は幸運だとスタンバーグは言う。「起業は昔よりもずっと世の中に受け入れられるようになっている。だから私は、起業に興味がある人には、『新しいものや刺激的なものを生み出している人を見て、参考にしてみて』ってアドバイスしてる。人は新しいものに順応する。昔からそう。そうやって世界は進歩してきたの」

とはいえ、やめることのマイナス面について長年聞かされてきた人が、そうしたイメージを払拭するのは簡単ではない。リストが前述の著書で述べているように「『物事がうまくいかないことからくる長引く鈍痛』よりも、『今すぐやめることで生じる瞬間的な激痛』[14]を選ぶことは、個人と組織の両方が培わねばならないスキル」なのだから。

「勝つチャンスをもう一度自分に与えるためには、やめなければならない」とリストは述べている。

向いていないことには執着しない

ジャック・ジマーマンは、身をもってそれを証明している。彼はやめることの大きな効用を詳しく伝えられる人物だ。頼めば喜んで教えてくれるだろう——なぜならジマーマンは、並外れたストーリーテラーでもあるからだ。

彼は実に多才な人間だ。ストーリーテラーとして話術を活かした仕事をしているだけでなく、音楽家であり、写真家でもある。思いやりのある父親であり、孫を溺愛する祖父であり、愛情深い夫であり、自転車とオペラの愛好家でもある。ただし、まったく当てはまらないこともある。それは、ビジネスパーソンだ。

ビジネスの世界で頑張ろうとしたことはある。

でも、あきらめた。

ジマーマンはエリザベス・ホームズの対極にある人間だ。彼は誰かに意気地なし《クイッター》呼ばわりされるかもしれないからといって、間違ったことをし続けるわけにはいかないと気づいた。もちろん、ジマーマンはパロアルトに立派な本社がある会社を経営していたわけでも、有能な取締役会を率いていたわけでも、「ウォール・ストリート・ジャーナル」紙の記者にオフィスを嗅ぎ回られて経営状況について不愉快な質問を投げかけられていたわけでもない。それでも最初はビジネスを「やめる」と言うのがつらかったし、自分をダメな人間だと思わずにはいられなかった。

シカゴの中心街にある高層マンションで妻のシャーリーンと暮らすジマーマンは、「これまでやめてきたことについて、今は何の後悔もない」ときっぱり言う。[15]「やめたことはいくつかある。もともとは交響楽団のトロンボーン奏者になりたかった。趣味としてではなく、職業としてやりたかった。でも、それを叶えられるだけの才能がなかったんだ」

だからその野心は捨てた。そのことに満足している。「オーディションに落ち続けるような、不幸な人生になっていたはずだからね」

その後、シカゴ郊外にピアノ店を開き、副業としてピアノ調律師を始めた。15年もの間、成功させようと努力したが、やはりビジネスの世界には向いていなかったようだ。

人生のどん底とも言える時期だった。

「ビジネスで失敗するのはつらい。離婚するようなものだ」

やめる──その瞬間

ほぼ毎日ひとりぼっちで仕事をしている自分がとても不幸に思えた。僕は社交的な人間だ。ピアノがある部屋にひとりきりでいるのは性に合わなかった。逃げ出したかった。息苦しさから解放されたかった。だから、あの場所を売りに出した。

──ジャック・ジマーマン（演説家、著者）

幸いジマーマンは本物の離婚を心配する必要はなかった。妻は、シカゴ・リリック・オペラで30年間首席クラリネット奏者を務め、現在は引退している。「信じられないくらい温かい人なんだ。素晴らしい女性だよ」

ビジネスの世界から身を引いた後、彼は最初に夢中になったストーリーテリングの世界に戻った。配管工や政治家が登場するシカゴの昔話を、シカゴ界隈のワンマンショーの舞台やユーチューブで披露している。さらに、雑誌や新聞のコラムニストとしても、シカゴ地域の音楽施設の広報としても働いている。

後悔しているか？　答えはノーだ。

「やめるべき状況に居続けることで不幸になった人をたくさん見てきた。彼らは人生の多くの時間を無駄な苦しみに費やしている。僕は、次のステップに進むことのほうが幸せなんだ」

今とは違う場所へ

レスリーとマイクのモーツ夫妻に会ったのは、オハイオ州ベックスリーで、肌寒い秋の夜のことだった。だが、レスリーはそんな寒さを吹き飛ばしてくれた。

私が到着して20秒もしないうちに、彼女はダイニングルームの暖炉に火を入れ、私たちが話を始める頃には、すべてが暖かく快適で心地よい雰囲気になっていた。それはまさに、理想的なB&Bの空間だった。

私はレスリーとマイク（彼は行儀のよい小型救助犬のコールを連れて数分後に話に加わった）に、どうやってそれをなし遂げたのかを聞きに来た――つまり、どうやって仕事をやめて快適な暮らしを手放し、（当時の友人たちに言われたように）理性を捨てて、時間や労力、それまで貯めてきた貯金の大部分を、まず儲からないとわかっているB&Bのビジネスに注ぎ込んだのか?

2013年の開業を迎えてもいないうちから、由緒ある建物をリノベーションするための建築費用は予算の3倍に膨らんでいた。配管や電気設備、さらには1万1000平方フィートも乾式壁を新しくするという想定外の出費が重なり、当初の予算は吹き飛んだ。

「時には、やけくそになったほうがいいこともあるのさ」[16]とマイクは後悔をにじませるような表情で言った。

とはいえ、結果的にはうまくいった。ふたりが営むベックスレー・ベッド・アンド・ブレックファストは美しいB&Bだ。スレート屋根と鉛枠の窓で装飾された昔ながらの邸宅が立ち並ぶコロンバス郊外のベックスレー。その静かで整然とした雰囲気のなかに佇む、大きなレンガ造りの建物だ。ぜひ読者にも、このB&Bに立ち寄ってモーツ夫妻に挨拶し、泊まっていくことをおすすめしたいところだ。

でも、それはできない。なぜなら、あなたがこれを読む頃には、モーツ夫妻は次の冒険に移っているはずだから。このさわやかな秋の夜長にこのホテルに泊まりに来た短期滞在者のように、ふたりはこれから新しい目的地に向かおうとしている。

それは、2人にとって新たな飛躍になるだろう。少し前にこの事業を地域の小規模な大学に売却した。B&Bとして運営が継続されることになっている。彼らの経験は、ビジネスをやめることについての貴重な教訓を与えてくれる。

それは、「新しいビジネスを始めるチャンスや、新しい仕事に就くチャンスがどこにでもあるように、それをやめるチャンスもまたどこにでもある」ということだ。その後で、また新しい何かを始めてもいいし、始めなくてもいい。

何かをやめたことがもたらす結末がすべて悲劇であるわけではない。それは時として、どこか別の場所——今よりも良い場所、あるいは悪い場所——へ向かうための途中駅にすぎない。なぜなら、すべてのものは、絶え間なく変化しているから。しかし、これだけははっきり言える。それは、今とは違う場所である。

やめる——その瞬間

ジョワ・ド・ヴィーヴル社を手放すのは（彼はこのホテルチェーンの創業者）簡単ではなかった。それは僕にとって、公私ともに自分のアイデンティティになっていたから。でも、時には天の声や、言いたくないことを言ってくれる友人の言葉に従うことが必要な場合もある。

——チップ・コンリー（元ホテル経営者）[17]

廃墟に夢を描く

やめる決断は、必ずしも自らの意思によってするものではない。時には、そうせざるを得ない状況に追い込まれることもある。やめたいからやめるのではなく、やめなければならないからやめるのだ。しかし、追いつめられてやめるという状況さえも前向きなものに変え、次の飛躍へのバネにする方法がある。

1914年12月9日の夕方、日が暮れて間もない頃のこと。ニュージャージー州にあるエジソンの広大な研究所敷地内の小さな建物に保管されていた、大量の硝酸塩が発火した。エジソンらが近くの高台から見つめるなか、火は瞬く間に燃え広がり、13棟の建物を焼き尽くした。人的被害はなかったが、この損害は甚大だった。原材料や試作品、そして米国で最も有名な発明家が40年間およそ11日ごとに新しい発明をすることを可能にしてきた[18]、精巧な装置の多くが損なわれた。

エジソンは翌朝、彼がこの挫折にどう対応するかを確かめにやってきた記者団に対して、事前に準備していた声明を読み上げた。

「かなりの被害はあったが、明日にはこの状況を把握して迅速に行動を起こすつもりだ[19]」

彼はいつものように逆境から立ち直った。そして、いつもしていたように、あきらめることからインスピレーションを得た。

エジソンはタイムマシンを発明してはいないが、もし発明していて、それを使って21世紀にタイムスリップしていたら、ホームズの装置が初期テストに失敗したとき（これも、ゆっくり燃え広がり、最終的には同じように大打撃を与える、一種の火災のような失敗だった）、すぐに彼女と連絡をとっていたのではないだろうか。エジソンがホームズに何を言ったかは想像に難くない。

「お嬢さん、今していることをやめなさい。あなたが実現できると謳ったことをこの装置で実現できないのなら、別の方法を探すべきだ。別の方法が見つからないのなら、やめなさい。そして、何か他のものを発明したらいい。そして、この装置に私の名前をつけるのは、きちんと動作するようになってからにしておくれ」

やめることは、エジソンにとって失敗ではなく成功への第一歩だった。

あの火災の夜、エジソンは丘の上に立ち、不安そうな同僚や呆然とする家族に囲まれながら、燃えさかる炎を眺めていた。打ちひしがれた従業員が近づいてきて、「恐ろしい大惨事だ」と震える声で言った。

その社員は、自分の上司をちっとも理解していなかった。エジソンにとって、人生の魅力でありやりがいは、何かをあきらめたあとにどうするかだった。くすぶる廃墟をかき分けて、その上に再び建てるであろう何かについて計画を立てる。そうしながら、その光景を楽しむのだ。

エジソンは、暗い顔をしている部下に明るく答えた。

「たしかに、今夜は大きな財産が焼け落ちてしまったね。でも、なんとも美しい光景じゃないか？」

QUITTING許可証

あなたは落胆し、失望している。
仕事が思い通りにいかない。
あるいは、始めたばかりのビジネスが
うまくいかないのかもしれない。
エジソンになったつもりで考えてみよう。
恐怖やサンクコストの誤謬にとらわれず、
機会費用に目を向けてみよう。
やめることは終わりではない。
それは成功の始まりにもなり得るのだ。

第9章

やめることの罪悪感
——大切な人をがっかりさせたらどうしよう?

誇りに思える人生を送ってほしい。
そうでない人生を歩んでいると思ったときに、
もう一度やり直す力を持ってほしい。

——エリック・ロス(脚本家)

ステファニー・ローズ・スポルディングは、できる限りそのことを先延ばしにしてきた。しかし、とうとう正念場を迎えた。父親に、「やめると決めた」と伝えなければならなくなったのだ。

一緒に用事を済ませた後、駐車場に停めた父の車のなかにいた。彼女はインディアナ州ラフアイエットにあるパデュー大学の米国研究プログラムで博士課程に在籍していて、シカゴのサウスサイドにある両親を訪ねていたところだった。

「一族で博士号を取得した人は誰もいなかったの」[1]

スポルディングは、なぜそのときにとてつもない重圧を感じたかを説明してくれた。両親は公立学校の教師で、彼女が大学院に入学したときには、奨学金を得て野心にあふれた道のりを歩み始めた娘を誇りに思い、大喜びしてくれた。

だが、父と母が知らない問題があった。スポルディングは、その悩みを両親には相談していなかった。心配をかけたくなかったからだ。しかし、入学から4年目となり、彼女は危機的状況に陥っていた。大学では、惨めな気分に打ちのめされていた。学部にはスポルディングを含めて黒人の学生はごくわずか。彼女は、疎外され、見下されていると感じていた。学校に自分の居場所はなかった。

「とてもつらかったわ。大学は人種差別がきつかった。それに、ウエスト・ラファイエットほど雰囲気の悪い町に住んだこともなかった。重荷を感じてた」

だから、大学院をやめると決意した。でも、どうやってそれを両親に知らせればいいのか？とりわけ、神が娘に学問の道を進むよう導いてくれたと信じていた父親に。

愛されているからこそ、「やめる」と告げられる

人は複数の役割を担いながら生きている。あなたは両親にとっての子どもであり、子どもがいれば自分自身が親でもある。周りには、きょうだいやパートナー、親友、隣人、親戚、上司や同僚など、様々な人たちがいる。このような人たちに気にかけられ、大きな期待を寄せられるのは素晴らしいことだ。その期待は、あなたを導き、良い刺激を与え、挫けそうなときに励ましてくれる。

しかし、こうしたつながりは、仕事や学校、人間関係をやめたいと思ったときの妨げにもなる。自分ひとりだけでなく、大切な彼らのことも考慮しなければならなくなるからだ。自分の決断を、周りは快く思わないかもしれない。そうなると、普段は背中を押してくれる彼らの善意の力が逆方向に作用し、大きなプレッシャーになってしまうかもしれない。誰だって、大切な人たちや、自分のことを一番よく知っている（あるいは本人たちがそう思っている）人たち、自分に期待し、進むべき道をずっと導いてきてくれた人たちを失望させたくはないからだ。

その日、スポルディングが車中で大学をやめると告げると、父親は激怒した。

「父は怒鳴り始めたわ。『神様が大学に進ませてくれたんだぞ。お前は神様の意志に背くの

か！』ってね」

彼女は父親に、自分がどんな日々を過ごしているかを説明した。「毎日、自殺したい気分になるわ。他の黒人の大学院生が神経衰弱になるのを何人も目にしてきた。親友のひとりは、手が震えてコーヒーカップをまともに持つこともできない」

落ち着いて話を聞いていた父親は、怒鳴ったりしてすまなかったと謝った。彼女も彼の話に耳を傾けた。父親は、「うまくいく方法があるはずだ。一緒に考えてみよう」と言って、ふたりはともに祈った。

「私の気持ちは張り詰めていた。このまま必死に頑張るか、それとも別の道に進むための方法を考えるか……」

やめる——その瞬間

論文審査委員会に2回目のプロポーザルを却下され、私は打ちのめされていた。委員会のメンバーのひとりと、彼のアパートで話をした。彼は私が大好きな教授だった。

「どうやって博士号を取得したらいいのかわかりません」と訴えると、彼は言った。

「君はもう学ぶべきことを学んでいる。論文は単なる練習問題みたいなものだ。気負わずにやればいい」

彼のアパートは暗かった。外は夕日が沈んでいた。暗闇のなかにいるみたいだった。彼は「白人が望むことをすればいい」と言った。私はそんなふうに世の中を渡っていかなきゃならないのかと思った。その瞬間、大学をやめようと決意した。

――ステファニー・ローズ・スポルディング（研究者）

スポルディングは子どもの頃から、自分の才能をどう活かすかを真剣に考えていた。「ずっと弁護士になりたかったの。テレビドラマ『コスビー・ショー』のクレア・ハクスタブルに憧れてたから。東部に戻って富裕層の住む地区で暮らし、子どもたちの日常に詩人やミュージシャンが出入りするような、そんな豊かな中流階級の生活を送ろうと思ってた」

彼女はそう言って笑った。大学2年のとき、ある教授から学問の道に進んではどうか、と尋ねられた。「びっくりしたわ。それまでの自分の考えをひっくり返すような質問だったから」と彼女は振り返る。そして、「そんなの、黒人のすることじゃない」と思った。

「それでもその教授は、『あなたには才能があるわ。奨学金ももらえるわよ』と勧めてきた。私は『最初からそう伝えてくれていたらよかったのに！』と言ったものよ」

でも実際に通ってみると、大学院は彼女が思い描いていた夢のシナリオではなかった。こんなはずじゃなかった、という思いが積み重なっていった。

そうして、苦悩と不安を抱えながら、車のなかで父親に決意を伝えようとしていた。親が何を望んでいるかはわかっている――自分はどうしたいのか？　大学をやめるべきか？　それは、その時点で最善の選択だと思えた。でも、それとも、家族を喜ばせるために、この道を進み続けるべきなのだろうか？

結局スポルディングは、博士課程に籍を残したままで、ウエスト・ラファイエットから引っ越した。シカゴにアパートを借り、そこで博士論文を書いた。必要なときだけ車で大学に通い、普段は多様な人が集まる大都市シカゴでの生活を楽しんだ。

「指導教官は心配していたわ。大学から離れた場所で暮らしながら論文を完成させるなんて無理だよって」。だが指導教官たちは、彼女がどんな人間で、どんな決意を胸に抱いているかなど知らなかった。

彼女は論文を完成させて卒業した。いくつかの教職を経て、現在はコロラド大学コロラドスプリングス校のＤＥＩ（多様性、公平性、包括性）プログラムの臨時責任者を務め、同時に同校の女性・民族学研究科で教鞭をとっている。

スポルディングは、駐車場に停めた車のなかで父親の隣に座り、自分の人生にとって何が正しいかを決めようとしたあの日のことを決して忘れない。彼女は自分で決断しなければならなかった。でも、どんな結果になろうとも、真の意味でひとりになることはないとわかっていた。

「やめること」は個人競技ではない

スポーツの世界ほど、やめるということが、厳しく、白黒はっきりとした形で判断されるところもない。実際、世間一般が抱く「クイッター」という言葉へのイメージは、ヘルメットを脱ぎ、肩を落とし、足早に埃っぽいグラウンドを去っていく人や、次の練習に姿を現さない人の姿を想起させる。やめるということは、スコアボードに掲示された得点と同じくらいわかりやすい結果を意味しているように思える。

しかし、クリステン・ディフェンバック博士は、話はそう単純ではないと言う。

「中止するのを選ぶことと、やめることは違う」と彼女は言う。[2]「〝quit《クイット》〟という言葉には悪い響きがある。私たちは、『やめること』を失敗と同じようにとらえている。でも、そうとは限らない。危険だから、不健康だからという理由で何かを中止することだってある。でも、スポーツでは結果が何よりも重視されるから、やめるのは『成し遂げられなかった』のと同義だと見なされる」

ディフェンバックは、ウエスト・ヴァージニア大学で応用コーチング・スポーツ科学センターのディレクター兼アスレチックコーチング教育の準教授を務めている。彼女自身も、夫も、子どももアスリートである。つまり、やめるか、やめないか、という問題にかなり深く関わっている。

ディフェンバックの研究・教育活動のテーマは、若いアスリートの競技生活において親やコーチが果たす役割だ。彼女はこうした関係が、「やめる」ことを複雑にしていると指摘する。なぜなら、親やコーチが関わっているせいで、「やめる」ことは単にひとりで決められる問題ではなくなるからだ。若いアスリートの成長を助けるために、大人はかなりのお金や時間、精神的労力を費やしている。ゆえに若いアスリートは、自分だけの判断で競技をやめられない。やめることは個人競技ではないのだ。

やめる――その瞬間

僕は記者として、ニュース編集室で記事を書く仕事をしていた。当時、息子のライアンは9歳で、僕は息子のリトルリーグチームのコーチをしていた。ある日、締め切りに追われ、時間内に記事を書き上げなければ、と時計を見上げた。そのとき、もうこんな生活を続けるべきじゃないと感じた。試合を見守るために、忙しい記者をやめて、別の仕事をすべきじゃないかと思った。僕は子育ての半分は、子どものそばにいることだと考えている。それが、僕がやめなければならないと決意した瞬間だった。[3]

――ロビン・ヨーカム（ジャーナリスト）

「スポーツには、家族のいろんな思いが詰まっているものよ」とディフェンバックは言う。「親にとっては、子どもを車で練習場に連れて行ったり、スタンドで試合を観戦したりと、すべきことがたくさんある。だから、子どもがスポーツをやめるとき、やめるのは子どもだけじゃない――家族全員がやめることになるの」

親やコーチにとって、若いアスリートの「競技をやめる」という決断を受け入れるのは難しいことだ。スポーツに取り組む子どもを指導・サポートしている側には、「自分がこんなにしてあげたのに」という気持ちが生まれやすい。「私はあなたを信じて、自分の時間を犠牲にしていろいろなことをしてきたのに、ようやくその成果が出そうだという今このときに、やめようっていうの？」というわけだ。

選手を安全地帯から追い出そうとするコーチは、動機づけがうまい指導者なのか、それとも、単なる鬼コーチなのか？　選手に最大限のパフォーマンスを求め、やめることを許さない厳しいコーチの話は、時に伝説的な存在と見なされる。選手を限界まで追い込むことで知られるアメフトのグリーンベイ・パッカーズのコーチ、ヴィンス・ロンバルディや、ニューイングランド・ペイトリオッツの現コーチ、ビル・ベリチックも、選手を容赦なく駆り立て、パフォーマンスを引き出す指導者として賞賛されている。

1971年から2000年までインディアナ大学の男子バスケットボール・チームのヘッド

コーチを務めたボビー・ナイトは、しょっちゅう公の場でかんしゃくを起こし、選手に対する身体的虐待事件も起こしているにもかかわらず、常にもてはやされる存在だった。何人かはやめた選手もいたが、ほとんどはナイトを尊敬し、自らの成功は彼のおかげだと信じていた。

しかし、どんな人にだって、いつでもやめる権利はあるはずだ。ナイトの気性の荒さについていけないと感じた選手は、立ち去ることも、ノーと言うこともできたはずだ。スポーツのチームは、収容所ではないのだから。

物理的に言えば、その通りだった。ジムのドアには鍵がかかっていなかった。だが現実的には、選手たちは密閉されたドアではなく、期待やイメージによって閉じ込められていた。

映画『ロッキー』の主人公は、相手に殴られ続け、血まみれになりながらも、屈することなく最後まで戦い抜く。やめれば大きな代償を支払わなければならない――そうと思うと、やめようという意欲は打ち消される。ヒーローは頑張る。気持ちが折れたりしない。

「スポーツの世界には、『やめるのは恥ずかしいこと』という考えが根強い」とディフェンバックは言う。「私は25年間のランナー人生で、2回レースを途中棄権した。そのことを恥ずかしいと思った感覚は、今でも残ってるわ」

「恥ずかしい思いをしたくない」という考えは、強力な動機づけになる。やめれば自分が恥ずかしい思いをするだけではなく、親やコーチなど、自分を信じてくれている人たちも失望させてしまうかもしれない。だからそうならないように、「そろそろ休むべきだ」という身体からのシグナルを無視してしまう。「我慢できるつらさと、立ち止まって注意を向けなければならないつらさを区別できない選手もいる」とディフェンバックは言う。

つまりこれは、「壁にぶち当たったら、やめればいい」という単純な問題ではない。スポーツに限らず、何かを学ぶときは、困難にぶつかるものだ。その困難には、乗り越えるべきものとそうでないものがある。スポーツでも同じだ。

「ある程度のつらさは乗り越えなければ成長できないわ。脳はつらいことがあると、簡単に『引き返せ』と言う。運動不足で数カ月ぶりにジムに行ったことのある人なら、その感覚がよくわかるはず。でも、常に脳の言葉に耳を傾けるべきとは限らない」

限界だと思っていたものを超えることには喜びがある。だからこそ、やめることを選ぶのは難しい。

「世の中はずっと、努力の価値を重んじ、やめることを失敗と見なしてきた。だから、やめたら、『ああ、やめたんだね』と言われるわ。『ああ、他のことを選んだんだね』とは言われない。やめるのは、失敗と同じなの」

ディフェンバックは、人生でランニングをしていなかった時期を思い出せない。サイクリングやテニスもずっと続けてきた。常に、様々な競技に全力で取り組んできた。彼女は競争が好きで、勝つことが好きで、他人と自分を比較するのが好きなのだ。だがそれ以上に好きなのは、昨日の自分と今日の自分を比較することなのだという。

彼女はボストン大学に一般入試で合格し、陸上競技部に入部した。大学院に進学して体育学を学び始めたとき、彼女の興味の対象は、スポーツの単純な生理学、すなわち走ったりジャンプしたり、バットやホッケーのスティックを振ったりするときに身体に起こることから、スポーツが一般社会にもたらす影響へと広がっていった。アスリートとして学んだことを、人間の行動全般にも応用できないかと考えたのだ。

「スポーツを通じて、人間の可能性や成長をサポートできないか、社会を変える手助けはできないか――それが私のテーマだった」

ディフェンバックは、米国人がNBAやNFLのようなプロスポーツを観戦するだけでなく、自分で身体を動かすことを通じてスポーツと関わるようになってほしいと願っている。プロを目指しているからではなく、楽しいから、心地よいから運動をする。そうすれば、嫌になったり完璧主義に陥ったりもしにくくなるので、どうしようもなく行き詰まって、「やめたい」と思う瞬間が訪れることもないだろう。なぜなら、スポーツを楽しんでいるからだ。

「米国では、独立心や起業家精神がとても重視されているわ」と彼女は言う。「その分、外国に比べて、協力して何かをすることの価値が低く見積もられている。この国では、スポーツは『金メダルを目指す』ことにしか価値がないと考えられがちよね。スポーツを、生涯を通して関わり続けられるものだと見なすことがうまくできていないの」

ディフェンバックと彼女の夫は、運動が何よりも大好きだ。自宅には犬が3匹、猫が2匹、そして地下には自転車が15台もある。11歳の息子はホッケーをしている。

もし、ある日、息子がホッケーをやめると言い出したらどうするのか？
「こう答えるでしょうね。『わかったわ。でも、これからも身体を動かすために、何をしたらいいか一緒に考えましょう。家でユーチューブばっかり見るようになるのはダメよ』って。息子に対して腹を立てたりはしない。でも、なぜやめたいと思ったかについては話し合いたいわね」

やめる――その瞬間

退職後、夫と一緒に、5歳の息子マイケルを連れて外国に長旅に出ることにした。誰もが、私が仕事をやめたことを、とんでもない間違いだと思ってた。「やめちゃダメだ。キャリアが台無しになるよ！」と大勢から忠告された。でも夫と私は、「なんで？いいじゃない」と思っていた。空港まで送ってくれた母からは、別れ際に「あなたたちがイスラエルのキブツにいるあいだに、私は死ぬかもしれないわよ」とも言われた。いろいろあったけど、私は勇気を出して旅立った。みんなに後悔すると言われたけど、まったく後悔していない。[4]

――ボニー・ミラー・ルービン

スポーツは続く

ハイディ・スティーヴンスは、「もし、17歳になる娘のジューンから、6歳から打ち込んできた体操をやめると切り出されたら、私はなんと言うだろう?」と悩む必要はなかった。なぜならまさに昨年、それが現実に起きたからだ。ある日、練習を終えて車に乗り込んできた娘は、「もうやめる。いい?」と吐き捨てるように言った。

「『やった!』っていう気分だったわ」とスティーヴンスは笑う。「だって週に4日、片道30分かけて練習場所の体育館に通ってたのよ。だから娘にやめたいと言われたとき、心底ほっとした」

しかし、娘の要求はこれで終わりではなく、むしろ始まりだったという。

「今は子育てのしかたも変わったわ。親は子どもの交友関係や感情の状態にも関わるようになった。私も、子どもたちとよく話し合ってる。相談事には、ケースバイケースで対応する。親が決めた一方的なルールを押し付けたりはしない」

廉価な育児サービスやより良い医療オプションの実現など、家族の問題の改善策を提唱するシカゴ大学の「ペアレント・ネーション」のクリエイティブ・ディレクターを務める傍ら、子育て関連のコラムを新聞に寄稿しているスティーヴンスは、自らも幼い頃にいくつもの挫折の経験があり、それを娘のジューンと息子の子育てに活かしているという。

「高校時代、私はかなり道に迷っていた。体操、バレエ、タップダンス――それまでしてきたことを、全部途中でやめてしまったの。小学校1年生から高校生になるまでピアノを習っていたんだけど、弾いていると兄がやってきて叩かれた。そのたびに、母が兄を怒鳴った。だから、ピアノを弾くときはいつもピリピリした雰囲気だった。そもそも、私は練習が嫌だった」

だから、娘がやめると言い出したときはよく話し合った。

「何事も、続けるのは大変なことよ」とスティーヴンスは言う。「だから、ただそれが大変で、楽しくないからという理由で簡単にやめるのはもったいないと娘には言ったの」

娘には後悔してほしくなかった。「あのままピアノを続けていればよかった。そうすれば、もっと上手になれたかもしれないし」と言うスティーヴンスの声には、切なさが漂っていた。

後日、娘のジューンにもインタビューした。彼女の話は、母親の言葉の正しさを裏付けるものだった。「体操をしているとき、母は応援してくれたわ。でも、『これは、絶対にしなければならないことじゃないからね』とも言ってくれた[6]」

やめようと決意したのは、いくつかの要因が重なった結果だという。長年、指導を受けていたお気に入りのコーチが地元を離れてしまい、別の体操クラブで練習することになった。新しいクラブにはうまく馴染めなかった。それも無理はない。以前のクラブは「家族みたいなものだった」と彼女は回想する。「いい思い出がたくさんあるの」

やめる決心はすぐについた。体操をやめるとすぐに、学校のボート部に入った。続けてチアリーダー部にも入った。ボートはつまらなかったのですぐにやめたが、チアリーダーはやめずに続けた。どんなスポーツをしているかはあまり気にしない。大切なのは、日常的に身体を動かすことだ。「全身が筋肉痛になっている感じが好きなの。スポーツをしている、っていう充実感を味わえるから」

やめる――その瞬間

そのときのことは鮮明に覚えている。練習を終えて体育館の外に出ると、いつものように、駐車場には私を待つ母の車があった。シルバーのホンダCR－Vよ。私は、「もうこれでおしまいにしよう。もうここには戻ってこない」と思った。人生の大半を費やしてきたことを終わらせるのは怖かったけど、気分はよかった。自分の意思で物事を決めたという感覚があった。振り返って体育館の写真を撮ってから、車に乗り込んで、「ママ、これで終わりにするわ」と言ったの。

――ジューン・スティーヴンス（学生）

亡き人の声に導かれて

ルイス・ヘインズは父親に助言を求めることもできなかったし、仕事をやめることが賢く、自分のためになる選択なのか、それとも数年後に首をかしげることになるかもしれない、愚かな選択なのかを尋ねることもできなかった。

父親は1938年、ヘインズが6歳のときに感染症で亡くなった。母親はオハイオ州北西部にある大豆農場を切り盛りしながら、彼と3人の姉妹を育て上げた。そして実際、父親がいなかったという事実が、ヘインズを後押ししたのかもしれない。権威ある人物は、たとえこの世にいなくなったとしても、残された者に影響を与えることがある。

進むべき道が、こうした目に見えない力に後押しされることもある。亡くなった祖父母や親の声がどこからか聞こえてきて、重要な決断について助言してくれる。自分以外には誰にも聞こえない声だが、それは問題ではない。その決断は、まるで共同作業のように感じられる。

1950年、18歳のヘインズは高校を卒業するとオハイオ州エリリアにあるペリー・フェイ工場に就職した。その工場を選んだのは、「自分は車を持っていなかったけれど、近所の人がその工場に勤めていて、通勤時に車に乗せてもらえたから」という理由だった。[7]

品質管理部に配属され、毎日8時間、工場で製造されたネジや機械部品のサイズや形を検査した。「同僚のなかには、30年以上もこの部門で働いている人がいたんだ」

50歳になった自分が、まだこの職場で働いているのかと思うと、暗澹たる気持ちにもなった。

「同僚たちはその仕事を気に入ってた」

実際に、その同僚たちはそう思っていたのだろう。でも、ヘインズの考えは違った。その考えはどこから来たのだろう？　同じ年に高校を卒業した他の17人とは違い、ヘインズが自分の可能性や夢、未知なる世界に思いを馳せたのはなぜなのか？　若き日の彼は、その後自分がオハイオ州立大学で生産工学の博士号を取り、好きな仕事をして、カリフォルニア州のパロアルトで暮らすような人間になるのを想像していたのだろうか？

だがその前に、彼はやめなければならなかった。

「あの土地では、高校を卒業すると、軍隊に入るか、農場か工場に行くかしかなかったんだ」とヘインズは振り返る。「もしあのまま工場に残っていたら、地元の女の子と結婚していただろうね。みんなそうだったから」

だが、彼は違った。工場をやめたのだ。そして、別の人生を切り開いた。大学に進み、空軍で職を得て、フィリスという女性と結婚した。その後は大企業に転職し、４人の子どもを育てた。彼は最初の食料品店向けスキャナーを開発したチームの一員で、現在もビジネスコンサルタントとして活躍し、妻とともにオハイオとフロリダの二拠点生活を楽しんでいる。

寡黙なヘインズは、１９５０年の夏、どうして仕事をやめ、安定した生活を捨ててオハイオ州立大学に入学する気になったのか、自分でもわからないという。同級生で大学に行った者はひとりもいない。進学すべきだというプレッシャーは、母親からも教師からも、小さな町の誰からも感じなかった。

工場の仕事をやめようと思ったきっかけをヘインズがうまく説明できないのは、それほど驚くことではない。『選択の要素（The Elements of Choice: Why the Way We Decide Matters）』（未訳）の著者である経済学者エリック・J・ジョンソンによれば、意思決定は極めて複雑なプロセスであり、科学はようやくその仕組みを少しずつ理解し始めたところなのだ。かつて意思決定とは、「イエスかノーか、停止か発進か」といった単純な二者択一だと思われていた。だが実際にはその水面下では、いくつもの情報処理のシステムやその人独自の性格などの要因が複雑に絡み合っているのだという。同書には、彼が「意思決定研究の革命」と呼ぶ、「選択アーキテクチャ」や「集合的嗜好」などの幅広い概念についての考察がなされている。

コロンビア大学マーケティング学部教授で意思決定科学センターの共同ディレクターであるジョンソンは、「意思決定は難しい」と書いている。[8]

「私たちは自分が何をしたいのかわかっていると思いがちだが、初めて対処するような状況に直面することは少なくない。選択とは、自分がどうしたいかは知っていて、それに基づいて答えを探すことだと思うかもしれない。だが実際に難しいのは、自分が何を求めているかを知ることなのだ。そのために、私たちは過去の経験を振り返り、関連する記憶を呼び起こさなければならない」

やめる——その瞬間

自分の決断の多くは、偶然がもたらしてくれた。それによって、何度も目指すものや進むべき道が変わった。若い頃はバンドでベースを弾いていたけれど、大学院に進学するために音楽は断念した。以前は「自分はプログラミングが得意だから、将来はプログラマーにでもなろう」と思っていた。でも、良い出会いがあり、その人たちに導かれて大学院に進むことになった。[9]

——エリック・J・ジョンソン（経済学者）

高校を卒業したその夏、人生の岐路に立っていたルイス・ヘインズは、工場で働いていないときにしていた近所の農家でのトウモロコシの皮むきの仕事のせいで、手は傷だらけで、タコができていた。目の前には2つの道があった。このままペリー・フェイ工場の品質管理部門で毎日8時間、ネジの検査をして、同僚と同じような人生を歩むか（実際、周りの人間も、農場で働かないのなら工場で働く道を選んでいた）、それとも、工場をやめるか。ヘインズにとって、工場をやめるという決断は、地元の人間の誰もが歩むような人生とは違う人生を選び、後ろを振り向かずに生きていくことを意味していた。

50代から神の道へ

スーザン・ウォーレンがそれまでの人生を捨てて別の道に進むことにしたのは、このうえなく権威あるものの影響を受けたからだった。それは、神だ。

編集者、作家として成功を収めていた彼女は、50歳で神学校に入ろうと決意した。その後、60歳にして、ケンタッキー州レキシントン郊外の教会で初めての女性牧師になった。

「『これが自分の生きる道』と思えるようになるには時間がかかったわ。長老派教会を信仰する家庭で育ったけど、教会には馴染めなかった。でも、死についての不安に襲われるようになり、『この問題の答えを見つけなければならない』と考えるようになったの。最初はソーシャルワーカーになろうと思ったけど、神様にも興味があった。勉強すればするほど、わからないことだらけだと気づいた。キリスト教には、100万通りの考えがある。唯一の答えは誰も知らない。でも、それでいいの[10]」

夫とふたりの娘はこの決断を支持してくれたが、友人や他の家族は懐疑的だった。「ある親友からは、『何を考えてるの？』と言われたわ。昔の知り合いもみんな、『スーザンはいったいどうしたんだろう？』って思ってたみたい」

新しい仕事のなかで体験したうち、最も誇らしく、満足のいく気持ちを味わったのは、教会で初めて同性婚の結婚を執り行った日だった。たしかに、苦労も多かった。前職をやめたことが正しかったのかどうか悩んだ日々もあった。

「最初は大変だった。信仰者の評判もよくなくて、礼拝に来る人も減ってしまったの」

状況は徐々に好転していった。日曜日の礼拝でも、教会の座席が埋まるようになっていった。牧師として信仰者の相談に乗ることにも、意外なほどの喜びを覚えるようになった。人生や信仰のあり方について疑問を持つ人たちと会話をするのは楽しかった。信仰者は、何かをやめるべきかどうかという問題で悩んでいることが多かった。彼女は、相談内容を聞いてやめるべきだと思えたときには、言葉を濁したりはしなかった。

「結婚生活のカウンセリングでは、夫から虐待を受けているという女性からよく相談された。私は即座に言ったわ。『今すぐ別れるべきよ』って」

やめる——その瞬間

まさか自分が聖職者を目指すことになるなんて思ってもみなかった。入学する神学校を調べるために、ある牧師と話をしていろいろと質問され、車で家路についた。美しい春の日だったわ。帰宅すると、玄関扉を開けて車の鍵をなかに投げ入れ、そのまま散歩に出かけた。「すごいことになった」という思いが頭のなかに渦巻いてた。人生をかけて追い求めるものがついに見つかったという手ごたえがあった。花も空も木も、すべてが生き生きとして、澄んでいて、美しく見えた。「これが私がやりたいことなんだ」と思った。突然、その対象が目の前に現れたの。

――スーザン・ウォーレン

「やめる形」は人それぞれ

マージ・ギャロウェイは筋金入りの人物だ。英語教師としてテキサス、日本、オハイオの中学校で32年間教鞭をとった彼女は、生徒の能力を高いレベルに引き上げ、厳しい指導をする手強い英語教師として評判だった。だから私は、生徒がやめたいと言うとき、彼女がよく「オーケー」と答えたと聞いて驚いた。

「冗談でしょう？　早く机に戻って課題を終わらせなさい！」でもなく、『やめたい？』その言葉は聞かなかったことにするわ。この教室では禁句なのよ」でもなく、「オーケー」？

私の質問に、ギャロウェイは首を横に振りながら言った。「私は、生徒が課題に苦しみながら取り組んでいるのを黙って見ているなんて絶対にしなかった。『どうすればうまくいくかを一緒に考えましょう』と話しかけたわ」[11]

だが、挑戦することの価値を信じていないわけではない。「生徒の親からはよく、『こんな大変なことをしていたら、子どもが自尊心を保てない』と言われたわ。私はいつも、『難しいことに挑むから、自尊心が生まれるんです』と言い返していたの」

では、やめることを勧めるか、我慢することを勧めるか、その境界線はどこにあるのだろうか？　優しく理解を示しながら、相手を甘やかさないためにはどうしたらいいのか？

ギャロウェイは、だからこそ教育や子育て、コーチング、メンタリングは、単純な答えの存在しない、経験がものをいう世界なのだと言う。

「生徒がつらい思いをしているときに、私は生徒の親に反射的に『やめさせないでください』と言ったりはしない。生徒によって状況は様々。ひとりひとりが違うから」

あるとき、男子生徒のひとりが、自分の能力を超えた読書課題に全力で取り組んでいた。「夜に生徒の母親から電話があって、『あの子は一晩中、課題に取り組むつもりのようです。どうすればいいのでしょう？』と相談されたわ。私は、それはまずいと思ったので、『10時まで読んで、それで終わりにしなさい』と言ってください、と伝えたの」

やめる――その瞬間

ある夜、家族とダイニングルームのテーブルを囲んで、緊迫した雰囲気で話し合いをした。そのとき私は32歳で、一般的な「平和部隊《ピースコー》（日本の青年海外協力隊に近い）」のボランティアの参加者よりも年上だった。私は落ち着かない気分だった。家族のひとりから、「結婚して子どもを持つのにいい年頃なのに、なぜアフリカにボランティアに行くの？」と問いただされた。かなりの口論になった。それでも私はとにかく、世界をこの目で見てみたかった。[12]

――ララ・ウェーバー

ギャロウェイは、やめることは人が思っている以上に繊細で複雑な行為だと考えている。やる気のある生徒は、教師をがっかりさせることを恐れて、やめるべきときにやめないかもしれない。一方、怠け者の生徒は、簡単に匙を投げようとするので、やめるのを思いとどまらせるために説得しなければならないかもしれない。

「能力も才能もあるのに、自己評価がとても低い生徒がいたの。彼はやめたがっていたけど、私はそうさせたくなかった。でもあるとき彼の母親から、『あの子はいつも思いつめたような顔をして勉強ばかりしています。息子を失ったような気がします』と言われた。私は母親に、息子に勉強をやめさせるように言った。親子でそんな気持ちを味わってまで勉強に入れ込む価値なんてないから」

ギャロウェイの友人であるゲイル・ヘッツラーは、ミシガン州の田舎にある1つしか教室のない学校で教師として働き始めた。同じクラスに、幼稚園児から8年生〔日本の中学2年生〕まで48人の子どもがいた。真冬以外は近くの川で風呂代わりに水を浴びる子どももいた[13]というから、裕福な家の子が通う私立学校のような学校ではなかったのだろう。

その後、オハイオ州コロンバスの学校で6年生を担当した。退職前には、オハイオ州のアシュランド大学で教育実習生を指導した。亡き夫とともに3人の子どもを育てたが、どの子も学習のスタイルが違っていたという。娘のひとりは、現在、小学校の校長をしている。

ヘッツラーは現役時代、何度も、何かをやめたがっている子どもにどう対処すべきかで頭を悩ませた。生徒がやめようとする対象は勉強の課題であることもあったが、高校生にとっては学校そのものであることもあった。彼女は、万人に当てはまる答えはないと考えている。やめることを一律に否定する人は、おそらく、個性も興味の対象も才能も違う子どもたちでいっぱいの教室の実際を知らないのだろう。

「トッドという、とびきり優秀な生徒がいたの。でも、彼は学校が大嫌いだった。登校するのが嫌で嫌でたまらなかった。結局、高校を中退して、それからしばらくはそれなりの苦労を味わうことになった。でも、私は心配していなかった。中退する前、教師をしている彼の両親から、ひどく不安そうに『息子が学校をやめたがっているんです』と相談されたときも、私は『彼は自分の生きる道を見つけたら、きっとうまくいくはずです』と伝えたし、実際、そのとおりになった。彼はウェブサイト制作の仕事をするようになり、たくさんお金を稼ぎ、幸せに暮らしているわ」

ヘッツラーは、子どもたちに学校をやめるように勧めているのではない。彼女は教育の力を強く信じている。それでも彼女は、人間はひとりひとり違っていて、ある人には何かを途中であきらめたように見えることが、単に目指すべき道に進むために方向を変えただけかもしれないことを知っている。

「両親は、息子を型にはめようとしていた。でも、トッドにとってそれは重要じゃなかったの」

QUITTING許可証

あなたは他人にどう思われるかを気にしている。
実際、ある程度はそうすべきだ。
だが、やめることはもちろんどんな決断であれ、
周りから100パーセント賛成してもらえることなどあり得ない。
身近な人たちは、あなたが人生のベストな選択をするのを願っている。
しかし、何が「ベスト」かを本当に決められるのはあなただけ。
やめるということは自分の心に従うことだ——。
たとえそれによって、周りの人を心配させてしまったとしても。

第10章

SNS依存をやめる

最近では、目立つことが
成功と同義だと思われている節がある。
このような状況から、周りの人たちの目から、
しばらくのあいだ
姿を消すことを恐れてはいけない。
そして、沈黙が
何をもたらすかを見てみるといい。

——ミカエラ・コール
（英国の脚本家・女優。2021年のエミー賞の授賞式で）

「女の子よ、タイムラインを洗いなさい[1]（Girl, Wash Your Timeline）」という2021年4月29日の「ニューヨーク・タイムズ」紙の記事の見出しは、嫌味な響きはあるものの、SNSに大量の批判的な投稿や、回転するGIF画像、しかめ面のアイコン、至極単純な「最低！」というコメントがあふれる現代社会で何かをやめることが抱えているジレンマを見事にとらえている。

この記事は、若者を鼓舞するメッセージを発信して人気を博し、『女の子よ、顔を洗いなさい(Girl, Wash Your Face)』(2018)〔邦題『傷ついた私を助けてくれたこと』〕や『女の子よ、謝るのをやめなさい(Girl, Stop Apologizing)』(2019)(未訳)などの自己啓発書がベストセラーとなったことで一躍富と名声を手にしたレイチェル・ホリスの盛衰を辿ったものだ。タイムズ紙がこの記事にこうした外連味《けれんみ》のある見出しをつけてホリスを揶揄した理由はよくわかる。ホリスはSNSを巧みに駆使して、書籍やブログ、ライブストリーム、ポッドキャスト、パーソナルケア製品などの幅広いチャネルでビジネスを展開したが、この威勢のいい起業家がうまくいかなくなったとき、怒りと軽蔑をもって彼女を攻撃したのもSNSだった。

同じ運命が、SNSを利用するすべての人――つまり、あなたや身の回りにいる人のことだ――を待ち受けている。やめることとの儀式はすっかり様変わりしてしまった。以前なら恋人と別れるとき、真夜中にカーテンを閉めた部屋で、スウェットにTシャツという格好でソファに座り、テーブルに食べかけのアイスクリームカップを置いたまま、泣きながら電話で親友に悩みを打ち明け、「あんな奴、そろそろ別れ時だよ」と慰められたりしたものだった。あなたと親友以外、誰もその話を知らなかった。だが今では、やめることは公なものになった。SNSは、いつも真昼の眩《まぶ》しさにさらされている。

ホリスが体験したのも、まさにこれだった。タイムズ紙の記事にもあるように、2020年、彼女は大きなファンイベントの延期を余儀なくされ、10万人以上のインスタグラムのフォロワーを失った。原因は、SNSへの不用意な投稿によって、「一般的な女性を応援する有名人」としての信憑性を信奉者たちに疑わせてしまったことだった。さらに、ホリスが離婚を発表したことも、結婚生活で恋愛気分を保つ方法についての彼女の前向きなアドバイスを信じていた、クリスチャンの既婚者が多いファンから不興を買った。ホリスがしでかしたことは、かつての有名人が起こした不祥事――薬物、浮気、泥酔事件、横領、果ては殺人など――と比べれば、軽微なものかもしれない。だが、それは程度の問題ではなかった。ホリスは公の場で過ちを犯したのだから、公の場で罰を受けなければならなかった。ホリスのサイトにはファンからの怒りの投稿が殺到し、結果として予定されていたイベントは開催中止に追い込まれた。

ホリスはSNSに生き、SNSに死んだのだ。

誰もが、ホリスのようにSNSを使って巨大なビジネスを成功させているわけではない。だが私たちは、かつて政治家や著名人にしか当てはまらなかった「公人としての生活」という言葉が、Wi－Fi環境と言いたいことがある人には、誰にでも当てはまる時代に生きている。私たちは、仕事の内容や婚姻状態、好きなバンド、政党など、これまでは親しい友人や家族だけしか知らなかったことを、SNSを介してワンクリックで世界中に発信できる。その結果、赤の他人や友人たちからの批判にさらされやすくなった。下手なことをすれば、一瞬のうちにフォローを外され、不愉快なコメントをつけられる。

このような事態を、私たち自身が引き起こしているのは事実だ――誰も、フェイスブックやインスタグラムに身近な出来事を投稿する義務などない。とはいえ、現代社会においてSNSが無視できない存在であることもまた事実だ。SNSは眠らない。すべてが詮索の対象になる。誰かと付き合い始め、別れたこと、新しい家やアパートに引っ越したこと、飼い犬が亡くなったこと、新しい犬を飼い始めたこと――こうした人生の変化について、自分で何かを投稿しなくても、他の誰かに投稿される可能性だってある。

つまり、あなたがレイチェル・ホリスでなくても、時代の変化の影響は避けられない。インターネットは、有名人だけでなく一般人にとっても、自分の情報を公にさらしながら生きるという新しいライフスタイルをもたらした。それはつまり、何かをやめる行為を公の目にさらすということだ。

その結果には、良い面と悪い面がある。自分の人生の選択について大勢の人からコメントされることには、戸惑いや恥ずかしさを覚えるものだ。キャシー・オニールが『恥の機械：恥辱の新時代で儲けるのは誰か（The Shame Machine: Who Profits in the New Age of Humiliation）』〔未訳〕で書いているように、SNSは誰かに批判される経験を増幅する。「今日では、たった一度の不注意が、ネットワーク化された『恥の機械』がフル回転されることで、世界的な出来事に変えられてしまう。アルゴリズムに後押しされた何百万もの人々がこのドラマに参加し、大手IT企業に無償で労働力を提供している」[2]

一方、スポットライトを浴びながら何かをやめることには、たとえば「労働者に新しい力をもたらした」というメリットも生んだ。

2021年には、仕事をやめる瞬間を動画でティックトックに投稿することが大流行し、「QuitTok《クイットトック》」[3]という造語まで生まれた。「仕事をやめたい」といったフレーズが、SNS上でトレンド入りするようにもなった。大勢の人が、時に遊び心に溢れた、時に怒りに満ちた、退職の瞬間をとらえたショート動画を投稿した。その典型例は、やめたばかりの会社のドアを出る瞬間に撮影された動画だ。これは、権力のある上司が力の弱い従業員を首にする、という従来のトップダウン型の職場から連想するのとはまったく違う光景を世界に発信するものになった。

「SNSでの自己イメージ」が判断を鈍らせる

自分の決断や考えを自分の望む方法で公に発表できることには、好ましい点がたくさんある。たとえば、大学のスポーツ選手が転校するとき、そのことに不満を抱いているコーチに発表の主導権を握らせる必要はない。メリーランド大学の女子バスケットボール選手アシュリー・オウスも、ヴァージニア工科大学のチームに移籍するというニュースを自身のインスタグラムで発表した。「私は物事を最後までやり通す人間だし、この大学でも最後までプレーするつもりでした。でも残念ながら、今年コートの内外で起こった出来事のために、自分の教育とバスケットボールのキャリアを別の場所で続けるという難しいけれど必要な決断をしなければならなかったのです」[4]。彼女は、誰かに決断を委ねるのではなく、自分が言いたいことを、どのように、いつ言うかを選んだのだ。

一方、英国の心理療法士で『ソーシャルネットワーキングの精神力動（The Psychodynamics of Social Networking）』（２０１４、未訳）の著者であるアーロン・バリック博士は、ＳＮＳが支配するこの新たな現実には落とし穴が潜んでいると言う。「ＳＮＳは、自分のイメージを固定してしまう危険がある。ＳＮＳ上で構築した自分のイメージを崩さないために、『続けるかやめるか』の決断が鈍ることもある」

バリックは、ＳＮＳへの頻繁な投稿によって自己イメージをつくり上げていると、そのイメージに反するようなこと——たとえば、好きだと公言していた仕事をやめる、完璧だと自慢していた恋愛や結婚を終わらせる——をするのが難しくなると指摘する。ＳＮＳでの自己イメージを守らなければという思いがプレッシャーになり、判断が歪んでしまうのだ。本心や常識に従うのではなく、ＳＮＳでの反応を気にして行動を決める。自分ではなく、他人の目を基準にして物事を判断してしまう。だが、〝ＳＮＳ上での他人の反応〟という疑似的なオンライン投票のようなものの結果を気にすることが、本当にあなたの人生にとっての最良の選択に役立つのだろうか？

現代人はＳＮＳで自らのアイデンティティをつくり、自らの人生の物語を紡ぎ続けているとバリックは言う。そのため、何かをやめようとすると、その物語を変えることを迫られかねない。「だから、物語を持続させるために、やめないという選択肢が優先される。やめるべきかどうかを真剣に考えることが、後回しにされてしまう」[5]

怒りと告発

政治家がテレビのインタビュー番組で激怒して途中退席する、有名人が記者会見を開いて制作中の映画からの降板を発表する――SNS以前の時代には、そんな光景をよく目にしたものだ。そんな出来事でもなければ、誰かの言動が世間の目にさらされる機会は少なかった。

とはいえ、現代でもまだ、昔ながらの方法で公の場で何かをやめる瞬間が注目を集めることもある。2022年1月12日朝、NPRのキャスター、スティーブ・インスキープは、生放送の番組内で第45代米国大統領ドナルド・トランプへのインタビューを始めた。予定時間は15分。序盤はうまくいっていた。だがインタビュー開始から9分後、トランプが2020年の選挙では不正のために敗北したと主張し続けたことで議論になった。堪えきれなくなったトランプは突然、「スティーブ、今日はありがとう。じゃあ」と言い残し、その場を去った。

ちょうど次の質問を始めたところだったインスキープは、インタビューの相手が目の前からいなくなったことに気づいた。「彼が出ていってしまいました」と言ったその口調には、非常識な行動をとったトランプへの苛立ちというより、戸惑いといくらかの後悔の念が感じられた。

トランプがインタビューを途中で打ち切ったのはこのときが初めてではない。２０２０年10月20日、テレビのドキュメンタリー番組『60ミニッツ』に出演したときも、キャスターのレスリー・スタールの質問に苛立ち、その場からあっさりと姿を消した。

ちなみに、もうこの場にはいたくないと判断して公の場から衝動的に立ち去るという行為は、トランプが発案したものでもない。政治家はこの方法を特に好む。激怒した公人が胸元のマイクを荒々しく外し、イヤホンを引き抜いて、「こんなくだらない質問には答える価値などない！」と吐き捨ててテレビ画面から消え去る光景は、昔から馴染みのあるものだ。芸能界やスポーツ界、ビジネス界の有名人も、スタジオのまばゆい照明のもとで激論を交わしている最中に、怒りに任せて会場から立ち去ることがある。

メディアの厳しい目にさらされながら人前で何かをやめる方法には、「内部告発」もある。２０２１年10月、フェイスブックの元社員フランシス・ホーゲンは米上院委員会で４日にわたり、同社が自社のアルゴリズムが原因で引き起こしている問題に無関心であると証言した。彼女はフェイスブックで約２年働いた後に退社する際、自らの主張の正しさを裏付けるためのデータを持ち出していた。

「私が今日ここにいるのは、フェイスブックのアプリが子どもたちに害を与え、社会の分断を煽り、民主主義を弱体化させていると信じているからです」と、ホーゲンは議員らに語った。[6]「同社の経営陣はフェイスブックやインスタグラムの安全性を高めて人々を守る方法を知っているのに、天文学的な利益が得られるために必要な変更を加えようとしないのです」

彼女は、雇用主を公然と批判して仕事をやめた。

内部告発者が必ず告発を公にするわけではない。この分野で著書のあるパトリック・ラーデン・キーフは、2022年の「ニューヨーカー」誌の記事で、企業犯罪の可能性を告発したインサイダーに金銭的な報酬を与える連邦政府のプログラムがあることを紹介している。告発を真剣に受け止めてもらうために、それを世間に公表する必要はないのだ。「公表しないことを選択する人もいる」とキーフはいう。[7] しかし、ホーゲンのように、議会の公聴会で爆弾発言的な主張をすることで、退職を勇気ある行為に変える者もいる。報復されることだって十分に起こり得る。だが彼女は自らの退職を通じて告発することによって、社会に問題提起したのだ。

信じた道を生きる

人前で何かをやめるといっても、必ずしも嫌な上司を汚い言葉で罵ったり、会社の悪行を暴露したりしなければならないわけではない。不愉快なことを強調する必要はない。フェイスブックやインスタグラムには、楽しそうな退職パーティーの動画や、退職後に長年の夢だった旅行をして満喫している様子を写した写真がよく投稿されている。それまでの生き方をやめて新しい人生の道に進むことは、恨みを晴らすようにではなく、喜びを分かち合うようにして公にできるのだ。

再婚を決めたとき、メリッサ・アリソンは大きな喜びと希望、そしていくらかの不安を感じていた。元夫のことは、今でも愛し、尊敬している。離婚するとき、夫婦生活に特に大きな亀裂が生じていたわけではなかった。普段あまり連絡を取り合っていない友人たちは、ひどく驚くだろう。だが、ひとりひとりにメールを書いて報告している時間も労力もない。かといって大勢に一斉送信するのは、水臭く、乱暴な方法だという気がした。

何も報告しなくても、友人たちには自然と噂話を通して結婚の知らせが届くかもしれない。だが、それはあまり好ましくはなかった。これまでの生き方をやめたということを、何百もの人たちに、一度に伝えたかった。どうすればいいのだろう？

答えは簡単だった、とアリソンは言う。フェイスブックだ。

とはいえ、報告し、その反応を待つのは簡単ではなかった。今回の結婚は同性婚だった。海辺の結婚式場で、新しいパートナーのデボラと撮った写真に、ふたりで新しい人生を歩み始めたことを伝える文章とともに投稿した。どんなコメントが返ってくるだろう。

「あの投稿をするのは怖かったわ」とアリソンは正直に認める。[8]

「再婚のことはそれまでにも親友には直接、家族には電話で、親戚にはメールで伝えていたの。だから誰かにこのことを報告するのは初めてじゃなかった。それに、フェイスブックへの投稿はいろいろな人の目に触れる可能性があるし、心ない批判にさらされやすいことも知っていた。思い切って親友や家族にしたのと同じ方法で報告したけど、フェイスブック上の友人たちが批判的でないことがわかってほっとしたわ。みんなに報告できたことでプレッシャーから解放されたし、気まずい質問もされなくなった」

シアトルの不動産会社で働くアリソンは、長い結婚生活を送っていたときに、あるスピリチュアルなイベントでデボラに出会った。前夫との関係は、「特にひどくはなかったけど、生き生きとした気持ちを味わえるものでもなかった。ずっと『何かがが足りない』と思ってた」と彼女は言う。

それでも、デボラと再婚するために夫と別れるのは、つらい決断だった。「罪悪感でいっぱいだった。でも、彼との関係は長いあいだ、しっくりきていなかった。そのことに気づいたとたん、私は変わり始めた。人生の意味について考えるようになったの」

日常生活で漠然とした不満を抱えていた当初は、仕事を変えれば気分も変わるかもしれないと考えていた。だが、問題の根はもっと深いところにあると気づいた。それは仕事ではなく、個人的な問題だったのだ。

やめる──その瞬間

私は猫が大好きで、シアトルも大好きだった。そして思った。「好きなものがはっきりしているのに、なぜ私はいつも何かを探し続けているのだろう？」って。その瞬間、私は自分自身を発見した。自分を手に入れたの。自分が本当にしたいことをしていないことで感じていた苦しみが、湧き上がってきた。私は、一瞬にして変わった。

──メリッサ・アリソン

結婚式の後（そのときの写真は、フェイスブックのカバー画面を飾っている）、アリソンとデボラはハワイに家を買った。アリソンはこの家でリモートワークをしている。仕事が終わると、シュノーケリングを楽しんだり、2匹の猫と1匹の犬と一緒に過ごしたり、庭でパイナップルやパパイア、バナナ、アボカド、オレンジを育てたりしている。

離婚し再婚したことを公に発表するのはリスクが大きいとアリソンは言う。「私はバツイチの人間と言われるようになった。そんなレッテルを貼られるようになるとは思ってもみなかった。でも、そういう色眼鏡で私のことを見る人は、世間のくだらない考えに従っているだけなんだってこともわかった。私のことを本当には知りもしないで、表面的なことだけで何か言われたって、気にする必要なんてないの」

SNSでの「やめた宣言」

このように、SNSを通して人が何かをやめることを公に知らせるのはますます一般的になっている。だがもちろん、有名人もその習慣を捨てたわけではない。時代が変わっても、芝居がかったような怒り方をしてインタビューを中断するという伝統は健在で、その不快さも変わっていない。

「俺は暗殺され、生き埋めにされたんだ！　でも、死んじゃいない！」

これは2021年に恐喝、収賄、性的搾取などの罪で有罪判決を受けたシンガーソングライターのR・ケリーが、2019年3月6日にCBSニュースのゲイル・キングによるインタビューの最中に口にした言葉だ。過激な発言は続いた。「俺はやってない。俺じゃないんだ（中略）。俺は自分の人生のために戦ってる。みんなが俺を殺そうとしてる！」。彼は激昂してインタビューを放棄し、スタジオを飛び出した。

テレビやラジオの生インタビューを受けている人が、質問に腹を立てて途中で退席するのは珍しくない。緊迫した雰囲気のなかで、インタビューをする側がきわどい質問をぶつけていくことが、こうしたインタビューの大きな魅力にもなっている。視聴者は、何かドラマチックなこと、危険なこと、明日友人や同僚との話題になりそうなことが起こるかもしれないとハラハラしながら引き込まれていく。

私たちがこうしたインタビューに興味をそそられるのは、それが純粋な見世物だという以上にどんな理由があるのだろうか？　視聴者は、インタビューを受けている側が単刀直入な質問に対してどう反応するかに関心を持っている。そして、そもそもR・ケリーが最後まで疑惑に対する自分の主張を貫くことも、トランプがNPRのインタビューに最後まで付き合うことも、まずないだろうとも考えている。そのとき、世間の不文律とされているルールが1つだけでなく2つも破られようとしている。そのルールとは、「何かを途中でやめてはいけない」と、「それでもやめるのなら静かにやるべき」だ。この2つのルールが目の前で破られるかもしれない——そう予感することが、視聴者を引き付けるスリルになっているのだ。

視聴者は、いけないものを覗き見しているような背徳感と、自分が同じ立場だったらどうするかという現実的な感覚を味わいながら、こうしたインタビューの劇的な結末や、公の場で何かが途中で打ち切られる光景に引き寄せられる。

では、ネット上での「やめること」には何かルールがあるのだろうか？

インターネットは、自由で制約がないことが大きな魅力だ。そこではルールがないことが唯一のルールであり、世間的な常識を守る必要はなく、むしろそれを覆すことが期待されている。何が起こるかわからないアナーキーさこそがネットの醍醐味であり、絶え間ない興奮を与えてくれるものなのだ。とはいえ、退職する瞬間に上司がいかにろくでなしであったかや、離婚する際にいかにパートナーが浮気性のクズであったかをSNSで世間にばらしてやりたくなったら、そのときは次に挙げる2つの原則に従うことを考えてみるといいかもしれない。

1　リチャード・ニクソンのようにではなく、エドワード8世のように振る舞う
2　適切なタイミングを見極める

エドワード8世とニクソンの明暗

21世紀の君主が臣民に辞意を告げる必要があるのなら、ツイッターが最適な手段になるだろう。だが1936年、まだそうした選択肢を持たなかった英国王エドワード8世は、その大事な日にウィンザー城内の机の前に座り、大きなマイクを手前に引き寄せ、ラジオに耳を傾ける全国民に向かって、ゆっくりと、厳粛に、しかし決然と語った。「数時間前、私は国王としての最後の務めを果たした」

彼は「自分の人生で最も重大な決断」として、王位を放棄し、米国人女性ウォリス・シンプソンと結婚すると宣言した。シンプソンには離婚歴があるため、規則によって英国の王妃にはなれない。それがエドワード8世が王位を降りる理由だった。

このエドワード8世の雄弁さを、インターネット以前に公の場で何かをやめることが発表されたもう1つの例と比べてみよう。1962年11月7日、カリフォルニア州知事選で敗れたリチャード・ニクソンは、記者会見の席で自己憐憫にかられ、憤慨していた（ニクソンはのちに、同じようにカメラの前で辞任を表明することになる）。この未来の米国大統領がこの記者会見で発していた言外のメッセージは、アルバイトの若者がクビになった腹いせで衝動的にティックトックに投稿する動画に込められたメッセージと同じだった。「黙って泣き寝入りすると思ったか？　どうだ、すべてを公開してやる！」――。

その日、不機嫌な様子を隠そうともしないニクソンは、ビバリー・ヒルトン・ホテルに集まった記者たちに向かって、「マスコミの皆さん、あなたたちが好きなだけいたぶることのできるニクソンはもういません。これが私の最後の記者会見です。じゃあ、ごきげんよう」と吐き捨てた。

この不機嫌な別れの挨拶をした後で、ニクソンはどうやって政治の世界に復帰できたのだろうか？　ノートルダム大学名誉教授で米国大統領史家のロバート・シュムールは、「タイミングがカギだった」と言う。[9]「ニクソンが1962年のカリフォルニア州知事選挙で敗北し、いわゆる最後の記者会見をした後で、米国では様々な出来事があった。それゆえ1968年の大統領選挙では、ニクソンの先の敗北とその後の発言は大した問題ではなくなっていた。この国は、ジョン・ケネディの暗殺、ベトナム戦争の泥沼化、リンドン・ジョンソン大統領の凋落、キング牧師とロバート・ケネディ上院議員の殺害、都市暴動の頻発などの試練を味わっていた」

露骨に不機嫌な態度を示しながら公の場で政界から身を引くと発言してもニクソンのイメージが大きくは損なわれなかったのは、その映像が生中継されなかったこと、または映像そのものを見た人が少なかったことも大きいとシュムールは述べている。

「あの記者会見は、毎晩の30分のテレビニュース番組が始まる少し前の出来事だった。その手の番組が放送されるようになったのは、それから1年後のことだ。さらに言えば、歴史的なニュース映像の断片が折に触れて繰り返しテレビ画面に映し出されるようになったのは、1980年代以降だ。たしかにニクソンの記者会見はフィルム映像に収められてはいる。だが現代のようにそれが拡散されたり、繰り返し大勢の目に触れたりすることはなかった。当時のジャーナリズムでは紙媒体が絶大な力を持っていた。元副大統領の発言は、映像や音としてではなく、文字として世間に広まったのだ」

大の大人が冷静さを失い醜態をさらすという、その鮮烈な映像こそが、この瞬間を見る者を引き込むものになっていた。そこには筋書きのないドラマのような興奮があった。記者会見で負け惜しみの癇癪を起こしたのが、ツイッターの登場前の時代だったニクソンは幸運だった。現代なら、たちまち大炎上して猛烈な批判にさらされているだろう。

1974年8月8日にニクソンがウォーターゲート事件のスキャンダルで大統領を辞任し、再び公の場でやめることを発表したときには、メディアの潮目は完全に変わっていた。何百万もの人々が、彼の辞任を伝えるテレビ局のニュース速報を目にした。

ただし、世間が注目し、国家や世界にとっても大きな影響が生じることになるその重大な歴史的瞬間にも、ニクソンはあることにとりわけ敏感だった。それは、「ニクソンは物事を最後までやり通せない人間だ」という悪評だった。嘘つき、悪党、狡猾な策士——なんと呼ばれようとも、ニクソンにとって「すぐに匙を投げる奴《クイッター》」と呼ばれるほどの侮辱はなかった。

その記者会見でも、ニクソンは断固とした口調でこう語っている。

「私は決してあきらめない人間だ」

過剰な投稿をやめる

何かをやめることを公に発表する際に気をつけるべき原則の2つ目は、「適切なタイミングを見極めること」だ。

たしかに、自分の人生に起きた変化をSNSに投稿し、フォロワーの反応を得たいという衝動には抗し難いものがある。作家のケイトリン・フラナガンは、28日間ツイッター断ちをしたときの体験を面白おかしく書いたエッセイのなかで、「ツイッターは点滅し続けている赤信号みたいなもの」と書いている[10]。「このアプリは人間の脳の奥深くに入り込み、誰かの『いいね！』やリツイートに絶えず反応させるように私たちを仕向ける寄生虫である」

恋人や配偶者と別れたことや、会社をやめたこと、肉離れで1カ月運動ができなくなったことまで、現代人は人生の決断や日常の出来事を逐一周りに知らせたいという強い誘惑にかられながら生きている。けれども私たちには、少しばかりの自制が必要かもしれない。

ジャーナリストのモヤ・ローティアン・マクリーンは、「私は過剰にSNSに投稿する生活をしていた――その代償に気づき、誰にも知らせないことの静かなスリルを学ぶまで」と題したエッセイのなかで、「人々は、自分の人生を丸見えにして生きることに慣れている」と書いている。彼女自身も、「SNSに投稿することが、自分の人生をリアルに感じさせるための方法になっていた」という。

だが最近になって、彼女はオンラインに自分の日常のすべてを共有しないことの喜びを知った。それは、「自分が放棄したとは気づいていないパワーを取り戻すこと」だった。あらゆる日常の出来事をSNSにシェアすることでどれほど自分自身の大切な部分を失っているかに気づいたら、一歩下がってみるべきだ。何を投稿するかを、慎重に吟味するようにしてみよう。

ローティアン・マクリーンは、「自分の日常をSNSで過剰に共有することへの反発が強まっている。それまでの考えを改めてSNSに投稿をしなくなった人の代表例が、テイラー・スウィフト［2017年に突然、それまでのSNSへの全投稿を削除した。その後、復活している］や英国の10代の若者たちだ」と述べている。[11]

いま自分がしていることや、やめると決めたことなど、何もかもをSNSに投稿して、誰もがそれに反応できるようにするライフスタイルが当たり前になっている状況を、考え直すべきときなのかもしれない。もちろん、それは簡単なことではない。やめることに対しては社会的な偏見がある。だからこうした偏見に負けたくない私たちは、何かをやめたときそれを大勢の人に知らせたくなる。

私たちは、誰かが決めた「成功した人生」の定義に従いたいとは思わない。何を続け、何をやめるかは、自分自身で決めたいと思っている。それゆえオンラインの世界の自由さに、少し過剰に反応するのかもしれない。ようやくパンデミックのロックダウンから解放されて、大きな世界とのつながりを取り戻した私たちは、過度に警戒したり慎重になったりせず、オープンに、率直に自分の日常や意見をシェアしたいという気分になっている。

自らのボディイメージや恋愛や結婚に関する悩みについてファンに率直に語ることで知られている英国の歌手アデルは、各種のSNSをはじめとする様々な場所で自身の離婚について多くを語ってきた。彼女は独身に戻ったことをポジティブにとらえているが、同じ英国人のコラムニスト、フレイア・インディアはそれが気に食わないようだ。彼女は最近、「スペクテイター」誌に寄稿したエッセイで、「昨今、離婚は自己啓発の手段と見なされている節がある」と苦言を呈している。[12]「まるで、離婚は悲劇ではなく祝福すべきものであり、人生をやり直すために誰もが当然とることのできる正当な手段であるかのように思われている」

だがインディアは、アデルがSNSやインタビューで、彼女と子どもが離婚後もうまくやっていると述べている点を見逃している。アデルが10年も続いた結婚生活の解消を前向きなものとして公に発言しているのは、世間が離婚した女性に対して、ひっそりと悲しみ、嘆き、人生が終わったかのように肩身を狭くして生きることを期待していたからではないだろうか。だからこそこのエンターテイナーは、離婚後の生活で得た喜びを率直に、頻繁に口にしているのだ。

アデルが結婚生活を解消したことのよさを公に語ってきたのは、それが離婚した女性の差別的な世間の考えに対する反論でもあるからだ。要するに、彼女は「私は大丈夫よ。私が誰とどう生きるか、何に幸せを求めるかを決めるのは私であって、あなたじゃないの」と述べているのだ。何かをやめたことを公にするのが、常に最良の選択になるとは限らない。重要なのは、そうするかどうかを自分で選択することにある。

QUITTING 許可証

日常の出来事をＳＮＳで共有するのは楽しいことだ。
仕事や学校、人間関係についての
重要な決断についても、投稿したくなる。
だけど、ＳＮＳは何かをやめることに伴って
生じるリスクを大きくする。
投稿する場合は、十分な準備をしてからにしよう。

第11章 やめる人たちのコミュニティ

希望を捨てることで、
私は喜びを取り戻した。

――キース・カーン＝ハリス（社会学者）

エイミー・ディキンソンは人間が好きだ。実際、それは彼女にとって望ましいことでもある。なぜなら、全国紙向けの人生相談コラムニストとして、些細な苛立ちから底知れぬ悲しみに至る、人々の様々な悩みに耳を傾けるというディキンソンの仕事には、「私たちは皆、同じ船に乗った人間である」という相手への共感が何よりも大切だからだ。そして私たちの乗った船は、かなりの荒波に揺られることがある。

そんなディキンソンは、自分のことだけを考えるのではなく、世の中のためになるような活動に参加したいと願っている。だから、ある団体から入会を呼びかけられたとき、積極的にそれを承諾したのも特に驚くべきことではなかった。

だが、彼女はのちにその団体から退会することになる。なぜか？

「正直に言えば、2020年6月9日までは、これまでの人生で何かに関わり、それを途中でやめたことはなかった」と彼女は言う。[1]「その日はジョージ・フロイドの葬儀の日で、それがきっかけで私は非営利組織の『アメリカ革命の娘たち（DAR）』の会員をやめることにした。私は数カ月前に100万人目の会員として大々的に迎え入れられたの」

全米のメディアは、彼女がDARの記念すべき会員になったことを大宣伝することを計画していたという。

DARがディキンソンを勧誘した理由はよくわかる。彼女は全国紙にコラムを書き、著書はベストセラーになり、NPRの番組にもレギュラー出演している。その快活で魅力的なトークには、多くの熱狂的なファンがいる。そんなディキンソンを会員にすれば、DARにとって大きなイメージアップが期待できる。しかし、入会すると返事をしてから宣伝ツアーが始まるまでのあいだ、彼女はフロイドの殺害事件に心を痛め、憤り、それを引き起こした人種差別にうんざりしていた。そこで彼女は、新メンバーとして、DARの人種差別に関する過去の問題について公に話をするつもりだと同団体に告げた。

DARは、かつて1939年の復活祭の日曜日に、同団体のアーティストとの契約に「白人に限る」という条項があったからという理由で、黒人のコントラルト歌手マリアン・アンダーソンがコンスティテューション・ホールで歌うのを拒否したこともあった。[2]アンダーソンは代わりにリンカーン記念館で米国の愛国歌『マイ・カントリー・ティズ・オブ・ディー』を歌い、彼女の美声を聴こうと詰めかけた数千人の聴衆を感激させた。これは米国の人種的正義を求める長い闘いの歴史のなかでも特に印象深いシーンとして記憶されている。

「私は、DARは人種差別の問題の解決に取り組むという視点で、自らの歴史を検証し続ける必要があると考えていたの。この団体にとって、歴史はとても重要な意味を持っているのだから。でも、会長は私の提案を快く思わなかった」

何度か議論を交わしたが、ディキンソンは、当時全米を覆っていた反人種主義運動の高まりのなかで、団体が過去を十分に反省しようとしないことに不満を覚えていた。「結局、私は歴史に選択を迫られたわけね。そして、迷わず脱会した。そもそも、最初から入会すべきじゃなかったんだわ」

ディキンソンは続けた。「物事をやめられない人の多くがそうであるように、それまでの私も、いったん何かに関わり始めると、断る勇気がなくて、義務的に続けようとするところがあった。でも、DARを脱会したことで、やめることの解放感を知ったの」

それから、彼女は他のこともやめるようになった。まず取りかかったのは、半年間、やめようとしてやめられなかったオンラインの読書会だ。「Ｚｏｏｍのミーティングに参加する時間がなかった。もともと、この会を楽しめていなかった。やめる理由について、嘘や言い訳を口にしたい誘惑にもかられた。でもその代わりに、もう続けたくないとはっきりと言ったの」

新しい自分に生まれ変わるために

それまで、ディキンソンが関わった組織をなかなか抜けられなかったのは、「やめる」という苦手な行為を避けたかったからだけではない。そこにはもう1つの要因が作用していた。それは、「やめるのはコミュニティから離れることでもある」という事実だ。

コミュニティは私たちの人生の土台となる。コミュニティに所属すれば、「私は何の拠り所もない存在だ」という不安な感覚を打ち消せる。コミュニティは糊のように人と人を結びつける。それは私たちをつなぐロープになる。こうしたつながりがないと、私たちは自分の存在を軽くて実体のない、どこかに吹き飛ばされてしまいそうな頼りないものに感じてしまう。何かをやめれば、自分を解放できる。だが同時に、大切な基盤や、自分が漂流してしまわないようにつなぎとめてくれる「錨」としての人々を失うことにもなる。この錨のような存在である他人は、私たちの足かせにもなれば、慰めにもなる。コミュニティから離れるのは、諸刃の剣なのだ。

「やめるのは、自分を集団から外すことでもある」[3]

前述したバージニア大学教授のリーディ・クロッツは言う。「集団に属さなくなれば、集団の内部の人たちから汚名を着せられる危険もある」

「決める（decide）」という語には、「頭を切断する」という暴力的な意味が込められている。この語の第二音節である「cide」という語幹にはラテン語の「殺す（または「切る」）」という意味があり、第一音節が意味するものを「殺す」という形で語がつくられているケースが多い（たとえば、「regicide」は王を、「homicide」は人を、「pesticide」は虫を、「suicide」は自分を殺すという意味になる）。ディキンソンのケースがそうであったように、やめると決めることで安堵や満足が得られる場合もある。その一方で、その直後に、あるいは何年も経ってから、後悔したり、考え直したりすることもある。

やめるのは、集団の外に出ることだ。もうそれまでの仲間はいない。

仕事や友人関係、家庭、チーム、恋愛や結婚、信仰、ビジネスのアイデアをやめるとき、私たちは単にそれまでの活動や人間関係、希望、自分の席などを捨てるのではない。他者とのつながりも失うのだ。自宅のハイビジョンテレビでパジャマとスリッパという快適な格好でアメリカン・フットボールの試合を観戦できる人たちが、凍てつく夜にわざわざスタジアムに出かけ、地面にこぼれたビールの水たまりを踏んで靴を濡らしながら、寒空の下で他の観客と一緒にゲームを観ようとするのはそのためだ。

組織や人間関係をやめれば、誰かと一緒に賑やかに過ごすことで得られる安心感や心地よさも手放すことになる。負担は減るが、孤独も感じる。もう会員名簿に自分の名前はないし、会社のウェブサイトにも顔写真や略歴が掲載されなくなる。

だからこそ私たちは、自分のためにならないとわかっていることや、有害な何かをやめるのをためらう。やめることは、慣れ親しんだ世界から離れ、新しく、不慣れで、どんな危険があるかわからない世界に入っていくことだ。その結果としてどうなるかは未知数だ。

やめることは、何かを手放せば終わりになるわけではない。やめた後には不安や戸惑いが生じる。慣れ親しんだ世界も失われる。もちろん、新しい世界に慣れていくことはできるが、最初のうちは戸惑いを感じるものだ。自分の居場所を失えば、漂流する船になったような気持ちになる。

やめれば他者とのつながりを失うが、それをきっかけにして新しいつながりをつくるチャンスも生まれる。第1章でも紹介した精神科医ベッセル・ヴァン・デア・コークは、その著書『身体はトラウマを記録する』のなかで、「現代社会では個性が重視されるが、実際には人間は孤立して生きることのできない生き物だ。人間の脳は、部族の一員として機能するようにできている」と述べている。[4]

以前は「クリーブランド・プレーンディーラー」紙、現在は「USAトゥデイ」紙のコラムニストとしてピュリツァー賞を受賞したこともあるコニー・シュルツは、「やめることは、感情的・心理的な問題であると同時に、現実世界にどう自分の居場所を見つけるかという問題でもある」と言う。彼女は多くの人々に人生について取材してきた経験を通して、「やめること」には種類があり、様々な形の勇気が必要であることを知った。

仕事はやめられるが、仕事は人生の一部でしかない。「やめること」には、「望ましい自分」と「今の自分」が一致しないために、現在の生き方をやめるという意味合いもある。

やめる――その瞬間

前の新聞社を退職する前から、心は離れていた。いい仕事はしていたけど、孤立してた。やめたことで、本当の自分を取り戻した気分よ。以前の自分に戻りたいとは思いない。何かを恐れていたし、世界の見方も狭くなっていた。今は、友人との関係も良好になったし、学生に良い指導もできるようになった。何かを経験することで、人はそこから学び、それを誰かに伝えられるようになるの。[5]

――コニー・シュルツ（ジャーナリスト）

「変えるべきものが仕事であれば、そうすればいい。だが、もし変えるべきものが自分の居場所であるなら、それは簡単ではない。新しい人間関係、新しい経験に慣れていくには、そのための場所が必要になる。その場所が、あなたを身構えさせたり、劣等感を抱かせたりする人たちに占領されていたら、良い変化は起こせない」

シュルツは、人生を変えることやその可能性、ひとりの人間が持ち得る様々な場所について多くのことを知っている。彼女はジャーナリストやベストセラー小説家であるだけでなく、大学教授であり、母親であり、祖母であり、米国上院議員シェロッド・ブラウンの妻でもある。

「何かをやめなければ、新しい何かが入ってくるスペースは生まれにくい」とシュルツは言う。ひとりの人間が1日にできることは限られているからだ。やめることで初めて、新しい自分になるためのエネルギーを十分に使えるようになる。「その変化は、静かに、しなやかに起こっていく。それまでよりも、大きな夢を描けるようになるの」

心の声に耳を澄ます

パティ・ビルズは、夢に向かって行動すれば人生を大きく変えられることをよく知っている。8年前、彼女は専業の芸術家になるために連邦政府の仕事をやめた。その仕事は給料や福利厚生も良く安定していた。

でも、1つだけ問題があった。それは「やりがいが感じられず、心が死んでしまいそうになること」だった。[6]

夫のトーマスと一緒にワイオミング州東部に引っ越したのは十数年前。土地も、荒々しい風景も、毎日表情を変える朝日も気に入った。けれど、連邦政府の森林局での車両管理の仕事には、どうしても情熱がわかなかった。

そんな頃、陶芸を習い始め、たちまち夢中になった。マグカップやカップ、皿、トレイ、花瓶などをデザインし、野生動物をモチーフにした絵を手描きして、釉薬をかけて窯で焼く。その作品には、ヘラジカやマス、空を舞う小鳥や好奇心旺盛なクマを描いた。

2015年、自らのマグカップに何度も描いてきた、泡立った水面から飛び上がる瞬間のマスのように、彼女も大きく飛躍した。

「職場のストレスも増え、仕事を嫌だと強く感じるようになっていたから、思い切ってやめた。そして、専業の陶芸家になった。もう我慢の限界だと思ったの」。辞表を出す前に不安はなかったのか？「給料をもらうことに慣れていたし、住宅ローンも抱えていた。13歳の子どももいる。だから、怖かったわ。でも、私の陶器は売れていたし、ビジネスとしてやっていけるという手ごたえもあったの」

やめる――その瞬間

もう限界だと思った。両親に仕事をやめると伝えた。「もう無理。ストレスが多すぎるの」と言ったら、父と母からは「よく考えてみてから決めたらどう？」と言われたわ。私は「考えた。もう十分考えたわ」と答えた。退職して2週間後、娘が「昔のママが戻ってきた」と言ってくれた。

――パティ・ビルズ

ビルズは退職前から米国西部の各地のギャラリーやギフトショップに作品を売り込み、委託販売してもらっていた。売れ行きは出だしから好調だった。だから彼女にとって、仕事をやめることにリスクはあったが、無謀なものではなかった。独立開業者向けのビジネス講座も受講した。「芸術で生計を立てるには、芸術家としての才能だけではダメ。芸術家であると同時に、起業家でもなければ」と考えていたからだ。

パンデミックでは大変だった。

「思い出すだけでも憂鬱になるわ。展示会もアーティスト・イン・レジデンス〔滞在型の制作活動プログラム〕もないし、ギャラリーもショップも閉まってた」

ウェブサイトやフェイスブックで作品を売り続けることはできた。とはいえ、苦しい時期であることに変わりはなかった。そして、世界は再び以前の状況を取り戻し始めた。

「今では、ギャラリーからの注文や展示会の依頼に応えるのに必死よ。私はこの仕事が好き。地球のかけらである粘土相手に仕事をするのが」と彼女は笑う。「時々、あの政府の仕事で我慢の限界に達したことに、感謝することがあるわ」

この経験を通じて得た教訓とは？

「いったんすべてから離れて、自分が人生で本当にしたいことは何かを考えてみることよ。そうしなければ、今私はここでこの仕事をしてない。たしかに、思い切って挑戦することは怖い。でも、そこには大きな喜びがあるの」

「やめた」後悔と「やめなかった」後悔

「シカゴ・トリビューン」紙の元編集長ティム・バノンは、イリノイ州エバンストンで育った幼少時代、スポーツが得意だった。長身で俊敏、ボールを蹴るのが得意だった。高校時代は、サッカーとラグビーに打ち込んでいた。だから、オハイオ州オックスフォードのマイアミ大学に入学すると、スポーツ奨学金をもらっていたわけでもないのに、キッカーとしてアメリカン・フットボールチームに入部しようと決心した。同部の監督ディック・クラムに「50ヤードのフィールドゴールを決められます」と書いた手紙を送った。

「1時間もしないうちに、寮の電話が鳴ったんだ。ディック・クラムからさ。『プレーを見せてくれ』と言われた。[7] グラウンドに行くと、コーチ陣が全員待ちかまえていた。僕は右へ左へとキックを決めた。クラムは『素晴らしい。お前はチームの一員だ』と上機嫌だった。あっという間に入部の手続きを進めたよ」

チーム全員が揃った最初の練習が始まった。「早速クラムに『バノン、蹴ってみろ！』と大声で指示された。7ヤード先に、11人の選手が壁をつくっている。こんな状況でボールを蹴るのは初めてだ。最初の一球を思い切り蹴った――ボールは、見当はずれの方向に飛んでいった」

その後のキックも、同じように恥ずかしいものばかりだった。バノンにはキックの技術はあった。だが、心をコントロールする術が足りなかった。「キックには独特のものがあるんだ。つまり、すべてはキッカー次第ということさ。ボールを蹴る瞬間は自分ひとりしかいない。みんなが自分を見ている。その凄まじいプレッシャーに耐えなければならない」

チームに溶け込めないまま数週間が過ぎ、結局、バノンは退部した。そのシーズン（1975～76年）は、マイアミ大学のアメフト部にとって忘れられないシーズンになった。チームは全米トップ20にランクされるほどの好成績を収めたのだ。彼も、その栄光のチームの一員になれたかもしれなかった。

「今でも後悔しているよ。当時の僕は、自分が『監督に手紙を書き、全米トップクラスのチームへの入部を認められる』という、信じられないチャンスを手にしていたことに気づかなかったんだ。あのままチームに残っていたら、僕の人生はまったく別の方向に進んでいたかもしれない。今の人生には満足している。でも、退部しなければ、違った人生になっていただろうね。やめてしまう前に、もう少し頑張ればよかったと後悔しているよ」

私たちは、やめるべきときになかなかやめられない。おそらくそれは、「やめること」が不当な汚名を着せられているからかもしれない。とはいえ、やめたことを長く後悔する場合があるのも事実だ。

「もしやめなかったら、今頃どうなっているだろう?」と、つい考えてしまうのだ。

バノンはこのときの体験を、子育てに活かしたという。3人の子どもたちがスポーツチームや楽器の演奏、趣味などをやめたいと言い出したら、じっくりと話し合った。

「子どもたちがそのまま何かをやめるのを放っておけなかったんだ。『一緒に考えよう。なぜやめたいと思ったんだい?』と伝えて、親身に話を聞いた。子どもが何かをやめることに、敏感になっていたんだろうね」

バノンはやめなければよかったと後悔している。だが、やめればよかったと後悔している人もいる。やめなかったことは、やめたことと同じように悩みの種になることがあるのだ。作家のジュリアン・バーンズも、小説『唯一の物語（The Only Story）』（未訳）のなかで、「面倒だから」という理由でやめるべきことをやめないと何が起こるかを示している。

私はこれまで、結婚をやめられず、恋愛を続けられず、時には恋愛を始めることさえできない友人たちが、口を揃えて「それは現実的でないから」と弱々しく言うのを耳にしてきた。住む場所が離れすぎているから、電車の時間が合わないから、勤務時間が合わないから、住宅ローンを抱えているから、子どもがいるから、犬を飼っているから、共同で所有しているものがあるから――。離婚に踏み切れないある女性は、「レコードのコレクションを整理するのが大変だから」と言っていた。[8]

だが、何かをやめるべきかどうかは、レコード・コレクションの問題ではない。それは、自分の本当の居場所を探し求めることなのだ。人生が終わりを迎えるとき、その選択が正しかったかと思えるかどうかを考えることなのだ。

「やめて、何をする？」

ガウラヴァ・アガーワルのアドバイスは、突き詰めると「やめることの先にあるものを考えなさい」ということになる。

診察室を訪れる悩める医師たちから、「もう燃え尽きました。医者をやめたいです」と相談されると、アガーワルは決まってこう尋ねる。

「やめて、何をするんだ？」[9]

その意図はこうだ。

「やめれば、今よりもよくなるという考えもあるだろう。でも、具体的にどんなふうによくなるのかを考えているのかい？　空に虹がかかり、子犬たちと戯れていられる夢のような場所なんて存在しないんだよ」

アガーワルは言う。「だから、僕はここに来る医師たちに、『やめて、何をするんだ？』と尋ねるんだ」

アガーワルはノースウェスタン医療グループの医師福利厚生担当ディレクター兼ノースウェスタン大学医学部の医学生教育担当ディレクターで、ストレスを感じ、疲弊し、仕事に飽き飽きし、聴診器を近くのゴミ箱に投げ捨てて病院を出てしまいたくなった医師たちにとって頼りになる存在だ。精神科医で、医療従事者向けのリーダーシップコーチの資格も持っている。

「僕は医師たちに、『この職場をやめずにキャリアを積むという選択肢はないのか？』と尋ねるんだ」

アガーワルはその理由を、「やめることは、長い時間をかけて蓄積された問題を一瞬で解決できる解決策だと誤解されがちだから」だと言う。だが、問題が一瞬でつくられたものではないのなら、その解決策も一瞬で実行できるものではないかもしれないのだ。

「人は何かをやめたい理由を、つい最近起きた嫌な出来事と結びつけたがる。だが、そういうケースはまれにしかない。問題は、徐々に積み重なって大きくなっていくものだ」

そして、どんなに難解に見える問題でも、話し合い、1つずつ解きほぐしていけば、それほど困難なことではなくなっていく。「結婚や仕事の問題を抱えている人は、僕のところに来て、『もうダメです』と言う。でも、問題についてじっくりと話し合い、理路整然と取り組んでいけば、解決できる場合も多い。みんな、あきらめるのが早すぎるんだ」

では、もし相談に来た医師が「『やめるべきだ』という心の声を聞いた」と言ったら？　そういう心の声はそれほど信頼できるものではないと考えているとアガーワルは警告する。

「それに、心の声は他にもあるかもしれない。別の声にも耳を傾けるべきだ」

パンデミックが猛威を振るっていたとき、疲れ果てた医療従事者が離職するというニュースが連日報じられた。だがアガーワルは、パンデミックであろうとなかろうと、医療の仕事は常にストレスが多く厳しいものだと言う。

「医療従事者には、この仕事を単なる仕事ではなく、天職だと感じている人が多い。最近、レジリエンス（回復力）という言葉をよく耳にするけれど、医療従事者はレジリエンスよりもレジスタント（耐久力）が求められる現場で働いている。彼らは一度、何かがあったからといってへこたれたりしない。彼らが職をやめるのは、長年積もり積もったものが限界に達するからだ」

とはいえ彼は、今後、医療従事者の離職がパンデミック時のピークのレベルに達するとは考えていない。やめることは完璧な解決策のように思える。だが、それは「やめればこの先、精神的にも現実的にも支えてくれる同僚たちのいる環境を失うことになる」と気づくまでのことである。だからアガーワルは、彼のトレードマークともいえる「やめて、何をするんだ？」という質問を投げかける。

目の前の悩める医師がこの質問への答えに窮しているのなら、それは本当はやめたくはないことの表れだとアガーワルは言う。だが、やめることが最善の答えであると思えるときは、無理に引き止めたりはしない。アガーワルは、「やめたい」と訴える医師に、それが気まぐれでなく熟考を重ねた決断であること、悪いことが起きた日に感情を爆発させているだけではないことを確認してもらいたいのだ。

彼はやめることすべてに反対しているわけではない。やめることは数ある選択肢の1つであるべきだと考えているのだ。

考え抜いた末に

グレン・ウォーシーは、スタンフォード大学のあるカリフォルニア州パロアルトで22年間暮らし、同校の電子図書館員として働いていたが、3年半前の大晦日、家族とともに「今の町に転がり込んできた」という。転がり込んだ先は――冬のあいだずっと冷たい風が吹きつけ、雪が止むこともないイリノイ州シャンペーン。ヤシの木など1本もない場所だ。

「スタンフォード大学での仕事はマンネリ化していて、変化が欲しかった。新しい冒険がしたかったんだ。でも、僕がスタンフォードからこの町に来たと言うと、地元の人たちからは『いったいなぜ？』という反応をされた。大学院時代の友人がここに住んでいて、四季が織りなすドラマが好きだと言っていた。単なる決まり文句だと思っていたけど、そうじゃなかった。本当にここの四季の変化はドラマチックなんだ。今では僕もとても気に入っている」[10]

ウォーシーの人生のドラマは、天候だけにとどまらなかった。イリノイ大学で研究支援サービス部門のアソシエイト・ディレクターとして働き始めて間もなく、妻と離婚したのだ。

「結婚生活を終えることには大きなためらいがあった」と彼は言う。「完璧とは言えない結婚が、次第に毒のあるものに変わっていった。僕は長いあいだそれを受け入れていた。自分には、人並外れた忍耐力があると思っていたからね」

だからこそ、離婚を決意するまでには時間がかかった。このスローモーションのような別れと同じようなことは、若い頃にもあった。ウォーシーはモルモン教を信仰する家庭で育った。

「僕はモルモン教を深く信じ、完璧に教義に従った生活を送っていた」

大学も、モルモン教とのつながりが深いブリガムヤング大学を卒業した。しかし、大学院の研究員としてロシア留学を終えて帰国した後、自分自身の変化を自覚するようになった。「疑問が湧いてきたんだ。そして、本心から神を信じているわけではないと気づいた。でも、自分は無神論者だと認識するまでには長い時間がかかった」

信仰をやめるのは、教義だけでなく、教会を中心とした人間関係から離れることでもあった。教会には家族同然の付き合いをしていた人たちがいて、長いあいだ、安らぎやアイデンティティを与えてくれていた。そのすべてを捨てることになる。友人や家族はこの決断に理解を示してくれたが、これまでの人生で慣れ親しんできた習慣や儀式、象徴を失うのは確かだった。信仰を失ったモルモン教の教義から離れることへの後悔はなかった。だが教会との付き合いは、もっと早く、もっとあっさりとやめておけば、何年も後悔することなく、すっぱりと縁を切れたのにと思うこともある。

こんなふうにためらうのは、それまでの人生でもよくあることだった。何か大きな変化を起こす前は、いつもかなりの時間をかけて考えてきた。

「大学時代は、物理学、英語、ロシア語の3つを専攻してたんだ。そのうちどれかをあきらめることができなかったから」

「やめた人」への共感

誰でも時折、「やめた人のコミュニティ」の一員になることがある。

自分と同じようなつらい状況をやめて、苦しみから抜け出した人たち、それによって幸せや成功を手にした人たちのことを知るのは、大きな励みになる。個人的な問題に直面したことで、それまでは存在すら知らなかった、同じ苦しみを味わっている人たちがいることを知って、慰められることもある。

私は、マーガレット・レンクルのエッセイを読み、自分とまったく同じような体験をしている人がいるのを知って驚いた。彼女の話は、最後に父親に救いの手を差し伸べてもらうところまで、私が経験したことと何から何まで奇妙なほどに似ていた。

レンクルの叙情的なエッセイ集には、彼女が大学院に進学するために実家を出てひとり暮らしを始めたときの話が出てくる。新しい生活環境に馴染めなかった彼女が惨めな気持ちに打ちひしがれ、ある晩家に電話をかけると、父親が出て――。

この話の続きがどうなったかは、本書の冒頭で紹介した私自身の体験談の顚末を知っている読者の皆さんには、おそらく想像がつくのではないだろうか。この天啓とも呼ぶべき体験をしたのは、レンクルが22歳のときで、私は19歳のとき。彼女が極限のストレスに悩まされた場所はフィラデルフィアで、私の場合はモーガンタウン。そうした細かな違いを除けば、私たちの経験は韻を踏むように重なっている。私たちは新しい土地に移り住み、ふたりとも大学院でまったく自分らしさを発揮できず、不安に悩まされ、混乱していた。

やめるか、死ぬか――当時の私たちは、そこまで追い込まれていた。

レンクルは大学院で、指導教授たちの「文学なんて無意味だ」という冷ややかな態度に苦しめられた。日が沈むと、別の問題に悩まされた。

彼女は薄暗い自分のアパートで毎晩のように味わった殺伐とした孤独をこう描写している。[11]

「真夜中、階下の交差点の路上には、赤信号で停止したはずみで配達用のトラックが落としていった荷物が散乱したままだ。暗闇のなかを、悪態をつきながら彷徨《さまよ》う見知らぬ他人の声が、4階のこの部屋にも響いてくる」

彼女は故郷の南部の自然豊かな光景や、鳥のさえずり、赤い大地を懐かしむ。私も故郷を想う気持ちはあったが、当時は悲しみに暮れていたせいで、レンクルのようにそれを見事な言葉で表現することはできなかった。

私と同じように、彼女も我慢の限界を迎えた。そして、実家に電話をかけ、父親から「戻ってきなさい」という意味のことを言われた。

ここで大学院を中退したことが、レンクルにとって、人生の転機になった。「私にとっての現在の幸せ、つまり素晴らしい男性と過ごしてきた年月や、彼と一緒に築いてきた大切な家族、充実感を与えてくれる仕事は、あの時期に挫折を味わい、父の言うことを聞いて実家に戻ったからこそ手に入ったのだと思っている」[12]

もちろん、大学をやめたからといって、ハッピーエンドが保証されていたわけではなかった。うまくいかなかった可能性は十分にあった。他の大学院に入学し直すことも（今度は、彼女の愛する地元で学校を選んだ）、夫と出会うことも、素晴らしい家族に恵まれることも、作家になることも、「ニューヨーク・タイムズ」紙のコラムニストになることもなかったかもしれない。

レンクルは、フィラデルフィアの大学院というコミュニティを捨てて、地元や実家という、もともと自分が属していたコミュニティに戻った。それがうまくいった。とはいえ、それは賭けでもあった。地元に戻っても、うまくいかないかもしれなかったのだから。

このレンクルのエピソードを読んで、私はモーガンタウンでのあの出来事から長い月日が流れていたにもかかわらず、安堵感を覚えた。自分ではあまり自覚がなかったが、まだあのときの体験について、自責の念や、わずかだが厄介な不安を抱えていたのだ――。「あのときに大学をやめたことは、自分にとって本当によいことだったんだろうか？　頑張って続けるべきだったんじゃないかしら？」

だから、レンクルのエッセイを読んで、私は気持ちが楽になった。そして思った。「自分と同じ体験をした人がいたんだ。不慣れな土地の狭いアパートで、不安の塊になって身をかがめ、苦痛や混乱が永遠に続くのではと怯えていた人が。そして、彼女もそんな生活をやめて、自由になった。やめるのはいいことなんだ。それは心の『SOS』への正当な反応なんだ」

「やめること」は価値ある選択肢

世の中では、「やめること」は最後の手段であり、奥の手だと考えられている。映画やテレビや小説での有名な「やめることを描いたシーン」はたいてい、積もり積もった不満や憤りで我慢の限界に達した登場人物が感情を爆発させ、衝動的に自暴自棄な行動に踏み切る、といったドラマチックな光景として描かれる。それは「人は何かをやめるとき、後先のことなど考えない。なぜなら、感情に振り回されて自分を見失っているからだ」という世間の考えを反映するものだと言える。

でも、やめることはそんなふうに悲壮感を漂わせて行われるべきものなのだろうか？　ジャーナリストのデレク・トンプソンは、2021年にパンデミックが原因で、全米で記録的な数の退職者（彼はこれを「退職の夏」と呼んでいる）が出たことをテーマにしたエッセイで、やめることには良い側面もあると指摘している。やめることがどんな意味を持つかは、見方によって変わるという。「やめることは、悲観主義や怠惰、自信のなさなどの悪いイメージと結びつけられることが多い。しかし労働経済学では、やめることは労働者が将来に対して楽観的な考えを持っていることや、新しい仕事への意欲を持っていることを表している[13]」

科学の世界でも、あきらめることは重要なカギを握っている。間違った古いアイデアに固執していると、正しいアイデアを見つけられなくなるからだ。カリフォルニア大学バークレー校の物理学名誉教授リチャード・A・ミュラーは、世間の人たちは、「物理学の知見は難攻不落の要塞のように不変のものであり、科学者もめったに自説を変えることはない」と誤解していると嘆いている。「科学者が、アイデアを思いつき、正しさを証明しようとし、間違いであることに気づき、それを破棄する――というサイクルを繰り返すのにどれだけの時間を費やしているか、世間の人々はわかっていない[14]」

間違いが明らかになった理論を捨てることは、正しい理論を見つけるために、ひいては科学の進歩のために不可欠なことなのだ。

私は本書を通じて、やめることは確固とした人生戦略であると主張してきた。そして、この人生戦略は、長い目で見れば、忍耐よりも優れた戦略であると言える――なぜなら、やめることで、他人の痛みや苦しみに共感する力が育まれるからだ。やめることは、人間の脳に生得的に備わっている生存戦略であるとも言える。その具体的な仕組みとは、どのようなものなのだろうか？

コロンビア大学ティーチャーズカレッジの教授で、悲しみと癒やしに関する画期的な研究を行っている臨床心理学者ジョージ・A・ボナンノは、最新の著書『トラウマの終わり（The End of Trauma: How the New Science of Resilience Is Changing How We Think About PTSD)』（未訳）で、人間が深い心の傷にどう対処しているかを探っている。

私はこの本で、ボナンノが「やめることは価値ある資産である」と述べている点に感銘を受けた。ボナンノは、「やめること」は、自らが「フレキシビリティ・シークェンシング」と呼ぶ、柔軟に物事に対処するためのテクニックの最終ステップだという。精神的につらい状況を積極的にコントロールするには、やめるという選択肢を持つことが欠かせない。こうしたつらい状況に対処するには、まずは現状を認識して、現在の対処法がうまくいっているかどうかを判断し、もしうまくいっていないなら、別の対処策に切り替えることが求められるからだ。

私たちは、自分が置かれている状況の犠牲者である必要がないのと同様に、効果的ではない対処策を無駄に続けることの犠牲者になる必要もない。効果的でないとわかったのなら、その対処策は変えてもいい。やめて他のことを試してもいいのだ。

「柔軟であるということは、受け身であることとは違う」とボナンノは言う。[15]「心が傷つくような出来事があったとき、その都度、最適な対処策を考え、微調整していく。それが柔軟であるということだ。自分の身に何が起きているのか、それに対して何ができるのかを考える。そして、選んだ対処策がうまくいっているか、別のものに変えるべきかを判断する」

ボナンノの研究の目的は、戦争や、感情的・身体的・性的な虐待、大きな後遺症のある事故などの、恐ろしいトラウマ的体験に悩まされている人を救うことだ。とはいえ、彼が提唱している方法は、特別に深刻ではない問題に悩まされている大勢の人たちにも応用できるはずだ。やめることは、問題解決のたしかな手段になる。それは決断であって、敗北ではない。やめることは、てこの支点のようなものだ。様々な研究が、やめることの持つ大きな力を解き明かし始めている。私たちはこうした研究成果に基づいて、やめることの力を活用できるのだ。

「人間には失敗から立ち上がる力がある。状況やタイミングに合わせて適切な行動をとり、前に進むことができる」[16]とボナンノは説く。

そのためには、必要に応じて立ち止まり、別の道を進むこと——すなわち、「やめること」を厭わない気持ちが必要になる。

ボナンノの重層的で繊細なテクニックを思い切って単純化しすぎることになってしまうかもしれないが、要約すると次のようになる。過去のつらい出来事の記憶がよみがえり、苦しさを覚えたときは、次の4つの質問を自分に投げかけてみよう。

1　「何が起きているのか？」
2　「何をしなければならないか？」
3　「どんな対処策がとれるか？」
4　「自分がとった対処策は、効果が出ているか？」

ボナンノによれば、「ある戦略がうまくいっていないとき、それを修正すべきか、他のことを試すべきかは、自分の身体や外界からのフィードバックが教えてくれる」という。[17]「こうした能力は決して特殊なものではない。それは誰もが持っていながら、過小評価されている能力であり、育み、改善できるものなのだ」

つまり、必要なときにやめるように促してくれる生存本能と同じものが、過去の嫌な出来事を乗り越えるときにも役に立つかもしれない。過去の出来事は変えられない。だが、嫌な記憶や難しい状況にどう対処するかは変えられるのだ。

自分の日頃の行動を定期的に点検してみよう。

私は、前進しているだろうか？

正しい道を歩んでいるだろうか？

「やめること」は手つかずの資源

やめることは、十分に活用されていない資源のようなものだ。それは、正当な選択肢ではなく、妥協や失敗としてしか見なされていない。連続殺人や薬物乱用、炭水化物の摂りすぎなど、誰が見ても悪いものが対象である場合を除いて、悪いことだと誤解されている。そのために、そこに秘められた大きな力や無限の可能性が手つかずになっている。でも、動物たちが生き延びるためにうまくいかない行動をすぐにやめるという事実を見ても、やめることに価値があり、それが大きな違いをもたらすことは明らかだ。

しかし、だからといって「やめること」が常に良い手段になるとは限らない。当然ながら、状況や人を問わず、常に正しい行動というものはない。それでも、「やめること」は最初からダメだと思われていることがあまりにも多いのも事実である。

それに、長い目で見れば、我慢することを無批判に受け入れるのは、世の中の不公平に対して何もしないことにもつながる。もちろん、世の中の問題をすべて解決することはできない。だが、良い方向に変えられるものは、変えていくべきなのだ。

やめるべきか、続けるべきか

では、やめるべきか、続けるべきかは、何を基準にして決めればいいのだろうか？

「どんなときに我慢すべきで、どんなときにやめて方向転換すべきかを判断するための、万人に当てはまる方程式はない」とウェンディ・カミナーは言う。[18]「前に進み続けなければならないときもあれば、立ち止まらなければならないときもある。それは人それぞれだ」

しかし、これを公正に判断するのは簡単ではない。なぜなら、「やめること」は最初から不利な条件に置かれていて、「やめないこと」は――たとえ、正しいと思えない行動を我慢して続けることであっても――最初から有利な条件に置かれているからだ。

「忍耐」は、魅力的なパッケージに包まれて私たちの目の前に差し出される。辛抱強く何かを続けることは、文明の発展に貢献するものであり、人類が空にロケットを打ち上げ、海に船を浮かべ、注射器にワクチンを充填するために欠かせない美徳と見なされている。

一方、やめることは惰性や杜撰《ずさん》な失敗と同一視される。

しかし、ひとたび「忍耐」や「グリット」からリボンを外し、美徳という名の包み紙を取り除けば、野生の動物が「生きるか、死ぬか」というシビアな視点でそうしているように、私たちも公正な視点で「やめるべきか、続けるべきか」を判断できるようになる。

だから、次に「やめるべきか続けるべきか、方向転換すべきか我慢すべきか」で悩んだら、こう自問してみてほしい。

「私は、自分自身の考えに基づいて判断しようとしてるのか？　やめたら周りから白い目で見られるかもしれないことを恐れているだけじゃないのか？　自分が本当に望んでいることを選んでいるのか？　それとも誰かの考えに従おうとしているだけなのか？」

次に、こう自問してみてほしい。「もし、誰かに根性《クイッター》なしと呼ばれたとして、それで何か不都合はあるんだろうか？」

「やめること」を失敗と同一視するのではなく、別の視点でとらえるようになれば、新しい可能性が見えてくるはずだ。やめることは、有効な人生戦略となり、「やめること」が、誉め言葉のように聞こえてくるかもしれない。

「やめることは、人生を選ぶことだ」と、前述した『わがまま』の著者ダナ・スピオッタも言う。[19]「生き生きとした人生を送るためには、思い切った飛躍が必要になることもある。今とは違う人生を想像できないのなら、より良く生きようとすることを放棄しているようなものよ」

「やめること」を人生の一部に

俳優のクラーク・ミドルトンは、2020年に他界するまで、「人は仕事をやめるのと同じように態度を手放すことができ、それによって自由になれる」ということを、生き様を通して証明し続けた。本人がよく述べていたように、身体障害者の場合なら、それは自己憐憫にかられる誘惑を捨てることだ。ミドルトンは若年性特発性関節炎を患ったことで重度の運動障害と低身長症というハンディがあったが、それをものともせず、映画『キル・ビル Vol.2』やテレビシリーズ『ツイン・ピークス』『ブラックリスト』などにも出演する名俳優として活躍した。

ミドルトンは、支援団体向けの講演で、こう語ったことがある。

「障害を戦うべき相手と見なせば、障害に振り回されることになってしまいます。だから僕は視点を変え、障害と仲良くなり、一緒にダンスを踊る方法を学ぶことを提案したいのです」[20]

この素晴らしい考え方は、「やめること」にも当てはまる。周りは「やめること」を、ネガティブなもの、恐ろしい運命のように見なしている。あなたはそれに同調し、やめることを敵と見なし、それを否定し、拒絶し、打ち負かし、服従させようとすることもできる。でも逆に、やめることと和解し、そのためのスペースを用意し、人生の一部にすることもできる。

そう、あなたは「やめること」を受け入れられる。一緒に新しいダンスを踊れるのだ。

QUITTING 許可証

あなたはこれまで、「やめること」を敵と見なし、
やめたいという気持ちが込み上げてきたら、
それは打ち消さなければならないものだと
考えてきたかもしれない。
しかし、やめることは、友人や味方にできるものであり、
人生の長期的で創造的でダイナミックな戦略として
取り入れることができるものだ。
うまくやめることができれば、様々な可能性が広がり、
人生を輝きに満ちたものにできる。
必要があるのなら、何度でもやめることができる。
そうする必要があると心から感じるのなら、やめていい。
心と頭の声に耳を傾けよう。そして、より良い人生を生きよう。

エピローグ

偉大な真理とは、その反対がまた偉大な真理になる真理のことである

——ニールス・ボーア（理論物理学者）

やめること——正確には、やめられないこと——が、私の父の人生を決定づけた。ウエスト・ヴァージニアの貧しい家庭で育った父ジェームズ・ケラーは、15歳から煙草を吸い始めた。米国東部のアパラチア地域で暮らしていた思春期の少年たちにとって、煙草を吸うことは、血筋や家柄にかかわらず格好良さを気取るための数少ない方法だったのだろう。妻と3人の子どもを持つ大人になったとき、父は喫煙者であることは自らの人生の大きな汚点であると認めていた。だが手遅れだった。どうしても禁煙できなかったのだ。

父がどれくらい煙草を憎んでいたのかは、尋ねなくてもわかった。当時16歳だった姉のキャシーが家のガレージで隠れてマルボロをふかしているのを見つけたときには、父は怒りというより悲しみの表情を浮かべて、「煙草を吸っているお前を見るくらいなら、手を切り落とされたお前を見るほうがましだ」と言った。もちろんそれは本心ではなかった。父は、姉にショック

を与えたかったのだ。数学者で、論理的で厳密なものの考え方をする父は、普段はそのような大げさな表現を使わない。だが、煙草の害に強く心を痛めていて、姉に同じ道を辿ってほしくなかったからこそ、そんな言い方をしたのだ。

こうして、私は子ども時代の大半を、「やめること」の影で生きることになった。同じような経験をしたという人は多いのではないかと思う。それは珍しいことではない。不健康な習慣をやめられずに苦しんでいた親や家族と暮らしていた人は大勢いるはずだ。その対象は煙草だったかもしれないし、アルコールや違法薬物、あるいは怒りなどの感情だったかもしれない。

私は、父が何十年にもわたって煙草をやめようとして悪戦苦闘し、苛立ちを募らせる姿を目の当たりにしてきた。彼が禁煙に挑戦するときには、お決まりのパターンがあった。それはまず、キッチンの「煙草の引き出し」という何の面白みもない名前をつけられた引き出しに保管されている煙草の箱を、すべて捨てるという儀式から始まる。数日後、時には数時間後、父はあきらめ顔で、念のためにとっておいた煙草に火をつける。

そして、すべてが元通りになる。キッチンの引き出しに、静かに煙草が補充される。

父は自分を恥じていた。禁煙できないのは自分のどうしようもない弱さの表れであり、性格的な欠点だと見なして、肩身が狭そうにしていた。同じことが数えきれないくらい繰り返された。禁煙しようとしては失敗し、再開する。やめようとして、また煙草に火をつける。

「喫煙は身を滅ぼす」という父の考えは間違ってはいなかった。父は肺がんと診断され、その約9カ月後にオハイオ州立大学病院で亡くなった。51歳だった。私は、父が息を引き取るのを看取った。化学療法と放射線療法のせいで痩せ衰えたその姿は、51歳ではなく81歳に見えた。

　けれども、父の人生には、煙草をやめられなかった以上のことがあった。禁煙に失敗し続けたことよりも、もっと価値あることがあった。失敗よりも、もっと大切なことがあった。

　私は、私のためにも、父自身のためにも、彼に禁煙してほしかったと思う。

　彼が亡くなってから何年ものあいだ、深い悲しみに襲われた。だがそれでも、父には、やめられなかった恐ろしいもの、自らをつかまえて離さなかったこの致命的な習慣だけで自分の人生を測らないでほしいと思う。彼は、ニコチン依存症者であることをはるかに超える存在だったのだから。私は父のことを、墓碑銘に「煙草をやめられなかった人」と刻むような方法で記憶したくない。

　私は、何度も禁煙に失敗したということ以外の父を思い出したい。自宅の前庭のバスケットゴールめがけて一緒にボールを投げて遊んだこと。楽しそうに裏庭にデッキをつくっていたこと（『セールスマンの死』[1]のウィリー・ローマンのように、父は〝セメントがあれば幸せな男〟だった）。私たち姉妹が算数の宿題をするのを手伝ってくれたこと。それが、私がいつまでも覚えておきたい父の姿だ。

　父のように依存症の問題と闘っている大勢の人やその家族にも、同じ考えを持ってほしい。人は悪い習慣を持っていたことではなく、良い心を持っていたことで記憶されるべきだ。短所ではなく、長所に目を向けられるべきだ。もちろん私は、悪習慣に苦しむ人たちが、それを克服することを望んでいる。だが、その人が悪習慣をやめるかどうかは、私が決めることではない。どんなにその人を愛していても、愛されていても、一番重要な戦いは、最終的には自分ひとりでしなければならないのだから。

とはいえ、誰の人生も、身につけられなかった能力や、克服できなかった逆境、果たせなかった夢によって要約されるべきではない。人生は、そんなものでは測れない。私たちの人生には、もっと大きな価値がある。なぜなら、誰もができる限りのことをして生きているからだ。つまずき、挫折しても、挑戦を続けている。私は、父がそうであったことを知っている。

私は本書で、「やめるのは良いこと」だと言い続けてきた。でも、「やめるのは良くないこと」だとも思っている。私は父が、「やめること」ばかりに目を向けずに生きていたらよかったのにと思う。「やめること」にとらわれるのをやめていたらよかったのにと思う。父だけではなく、誰もがそうであってほしいと願っている。私がそう思うことは、矛盾しているのだろうか？

たしかに、矛盾している。でも、それは問題ではない。神経科学者のディヴィッド・J・リンデンが、自身が末期がんと診断されたことをテーマにした優れたエッセイで述べているように、人間の心は、相容れない考えをうまくバランスをとりながら受け入れることができる。

人間の心が、一見矛盾すると思われる2つの精神状態で占められていることは可能である。むしろ、それは容易に起こり得る。これは、人間は一度に1つの精神状態しか持てない――すなわち、好奇心か恐怖心か、〝戦うか逃げるか〟といった二者択一の判断を神経系が全体的な調節に基づいて行っている――という神経科学の古い考えに反するものだ。

だが、人間の脳はもっと繊細にできていて、複数の、複雑で時に矛盾する認知的・感情的な状態を簡単に共存させられるのである。[2]

私たちは、やめることを良い行為だと見なしている。煙草や暴飲暴食、不健康な食事（私の場合、やめるべき対象はマルボロではなくマーブルパウンドケーキだ）をやめるのは、称賛すべきことだと考える。けれども、やめることに固執するのはよくないとも考えている。何かをやめられないことで頭をいっぱいにすべきではないし、どんなに努力しても何かを克服できないことで自分を過度に責めるべきではないとも思っているのだ。

私は、世間の「やめること」に対する偏見が、どちらの方向からもなくなればいいと願っている。つまり、やめるべきことをやめられなくてもひどい人間とは見なされず、やめられたとしてもそれが過度にもてはやされたりはしない社会になればいい、と。もちろん、やめれば幸せになれる、健康になれると思っている行動をやめられるのは良いことだ。だが、それはあくまでも、私たちがやめたいと思っている無数の行動のうちの1つにすぎない。私たちは生涯を通じて、何度も何かをやめようとすることになるのだから。

私は父に、煙草をやめられなかった自分を責めないでほしかった。禁煙できないことに、必要以上に悩まされなかったらよかったのにと思う。なぜなら、彼はそのことだけでは語れない、様々な側面を持った人だったからだ。もちろん、そのすべてがポジティブというわけではなかった。父には短気なところがあって、それを克服しようとしていた。怒ると辛辣で皮肉な言葉を吐くこともあった（父はそれも改めようとしていた）。大好きだったのは、ＮＦＬのグリーンベイ・パッカーズやカントリーミュージック、大瓶入りのカシューナッツをダイエットコークで流し込むようにして食べること。微積分の複雑で魅惑的な美しさもこよなく愛していた。

それが、父だった。父は煙草をやめられなかった。優れた数学教師としての能力が十分に評価されず、その力量に見合わない安い報酬しか得られなかったにもかかわらず、大学もやめなかった。やめたがってはいたが、行動に踏み切れずにいた。

そして父にはもう、何かをやめるための時間はない。

私は父が、煙草と仕事の両方をやめられたらよかったのにと思う。禁煙に成功していれば、もっと長生きできたかもしれない。勤めていた大学をやめていれば、他の大学でもっと尊敬されながら数学を教えられたかもしれない。

依存症などの悪しき行動は、やめられない場合もある。だが、やめることに失敗したからといって、それが私たちが悪い人間であることや、利己的であること、愚かであることを意味するのではない。こうした失敗をするからこそ、私たちは人間なのだ。そして人間らしさの本質とは、人生では、自分の思い通りにコントロールできないことや、遺伝や偶然によって決定されること、どうしても達成できないこと（どれだけ前向きな気持ちを持とうとしても、スマートウォッチの助けを借りても）が、いかに多いかを理解し、受け入れることにある。

私たちがコントロールできるのは、決して完璧ではない自分や他人を許すことだろう。人間は、失敗する生き物だ。私たちは失敗し、何度も何度も物事をあきらめる。前述の精神科医のベッセル・ヴァン・デア・コークによれば、薬物やアルコールのリハビリプログラムの参加者は平均して4分の3以上が脱落するという。私たちは、友人として、パートナーとして、親として、隣人として、市民として、理想的な存在になりたいと思う。だが、それを実現するのは簡単ではない。努力はするが、それをあきらめてしまうこともある。

しかし、大切な話はむしろ、ここから始まる。私たちは、失敗し、あきらめてしまうからこそ、他人に共感でき、理解できる。この共感と理解こそが、本当の人生の物語なのだ。

人生には、必死の努力が無駄になるときもある。望ましい人生を生き、理想的な自分になるための試みを、放棄しなければならないときがくる。そのとき、私たちはすべてを手放す。そして、矛盾した自分を受け入れ、現実に合わせて柔軟に生き方を変えようとする。実現できそうにはないことは手放すが、それでも、妥協した人生のなかに価値を見出そうとする。

私は本書を、まさにそんな生き方の大きな転換を余儀なくされた私の姪、アニー＝ケイト・グッドウィンに捧げたい。米国中西部で生まれ育った彼女の夢は、カリフォルニアに住むことだった。ロースクールを卒業後、サンフランシスコの企業から仕事のオファーを受け、夫とともに西へ向かった。そのわずか3カ月後、白血病と診断され、治療のために故郷のオハイオ州に戻った。そして、2019年9月12日に他界。33歳だった。
病をきっかけに、アニー＝ケイトは生き方を根本的に変えなければならなくなった。それまでの人生の計画を手放し、すぐに別の計画を立てることを余儀なくされた。しかし、変更した夢が、必ずしも小さい夢だとは限らない。短い人生が、喜びや意味のない人生になるわけでもない。どんな長さの人生も、完全で、美しいものになり得る。私は、2020年に副腎皮質がんによって31歳で逝去する前の数カ月間、「ガーディアン」紙にエッセイを連載していた英国人男性エリオット・ダレンの、「人生は、よく生きれば十分に長い」という言葉が好きだ。[3]
人生の終わりが近づくなか、アニー＝ケイトは残酷なまでに短く圧縮された時間のなかでやりたいことをした。愛する人たちに想いを伝え、ドストエフスキーやレディー・ガガなど、大好きだったアーティストの作品を堪能した。そして、彼女の並外れた人生は終わった。その人生を測るものは、アニー＝ケイトがやり残したことや、訪れることができなかった場所ではない。彼女の人生は、天国に行くのが33歳であろうと103歳であろうと、誰の人生にも当てはまる至極単純な物差し――すなわち、新しい日々、新しい体験に飛び込み、古いものを手放し、未知のものを何度でも受け入れようとする情熱の強さで測られるべきなのだ。

謝辞

まだ本書の企画を温めている段階で、私の頭にわずかしかアイデアがなかった頃に、ブレインストーミングを手伝ってくれた以下の友人たちに、心からの感謝を。ジョセフ・ハリナン、パトリック・リアドン、スーザン・フィリップス、フランク・ドナヒュー、スザンヌ・ハイアーズ、マイク・コンクリン、マージャ・ミルズ、ドン・ピアソン、リサ・ケラー、ロバート・シュムール、クレアラン・フェローノ、エリザベス・バーグ、キャシー・ドハティ、キャロリン・フォクト、リサ・ノックス。

惜しみなく人生の物語を話してくれた何十人もの人々、私の果てしない質問に優雅に耐えてくれた大勢の科学者や学者にも感謝を。残念ながら、パンデミックの影響で、本書のインタビューのほとんどは対面ではなくメールや電話、Ｚｏｏｍを介して行わなければならなかった。多忙ななか、私の取材依頼に応えてくれたこれらの人たちに心からお礼を述べたい。本書の記述の内容に間違いがあったとしたら、その責任は彼らではなくすべて私にある。

編集を担当したハンナ・ロビンソンは、本書の意図を最初から理解していた。彼女は本書に、持ち前の機知やエネルギー、感性、ポップカルチャーに関する比類のない知識をもたらしてくれ、私の頑固さにも忍耐強く付き合ってくれた。

訳者あとがき

本書は、2023年4月に米国で刊行された『Quitting: A Life Strategy: The Myth of Perseverance — and How the New Science of Giving Up Can Set You Free』（タイトルを直訳すると、「〝やめること〟という人生戦略。忍耐神話の嘘と、あきらめることに関する最新科学で自由になる方法」）の邦訳だ。

著者のジュリア・ケラーは、20代のときに味わった大きな挫折が、後にジャーナリスト、小説家、大学教師として活躍することになる人生の大きな転機になったという自らの体験をもとに、現代社会では「グリット（忍耐力、根性）」が過度にもてはやされ、「クイット（何かをやめること）」の価値が不当に低いものとされていることに大きな疑問を持つ。

そして、ピュリツァー賞受賞歴のある名ジャーナリストとしての敏腕を発揮して、大量の文献を渉猟し、科学やスポーツ、ビジネスなどをはじめとする幅広い領域の著名人に取材を敢行。さらには「やめて人生を変えた体験」を持つ大勢の一般人に話を聞くことを通じて、「やめること」が、私たちが生きていくうえで欠かせない行動であるにもかかわらず、なぜ悪者扱いされているのかという謎に潜む真実を鮮やかに解き明かしていく。

科学は「やめること」の背後に潜む複雑で高度なメカニズムを、ようやく解き明かし始めたばかりだ。たとえば野生動物は、栄養を得る、外敵から身を守るなど、生き延びるために必要な行動を優先させ、無駄だと判断したことは迷わずやめる。そうしないと自分の命が脅かされるからだ。

だが人間はなかなかやめられず、やめてもそれを後悔しがちだ。近代以降、ベストセラーとなった自己啓発書の影響もあって、「勤勉に働くことこそが成功のカギであり、途中で物事を投げ出せば人生が台無しになる」という価値観が社会に浸透するようになった。私たちは世間のプレッシャーのなかで、苦しくてたまらないのに無理をして何かを続けようとしている。だが多くの小説や映画で描かれてきたように、人々は「やめることに」に強く惹かれている。心の底で、「やめたい！」と願っているからだ。

私たちは、自分が思っている以上に運命や環境に翻弄されながら生きている。けれども、人間は運命の前でなす術のない非力な存在なのではない。私たちには、現状を変える力がある。その大きな切り札になるのが、「やめること」「あきらめること」「手放すこと」なのだ。

ただし、著者は闇雲に今の仕事や人間関係をやめることを煽っているのではない。「続けること」にも大きな価値があるし、今いる場所でも、考え方や行動を少し変えるだけで（本書の言葉でいえば「疑似的にやめる」だけで）、大きな変化は起こせる。それでも私たちは、「やめること」が自分を守り、新しい道を切り開くための大切な選択肢であることを忘れるべきではない。それは心の声に耳を澄まし、状況を客観的にとらえ、周りの人の意見に耳を傾けながら、勇気を持って一歩を踏み出すことなのだ。やめることは、創造的な行為なのである。

困難は、必ずしも乗り越えなくていい。始めたことは、必ず終わらせなければならないわけではない。やめたいときにやめられれば、人生の可能性が広がる。人は古いものを捨てて新しい何かに挑むとき、多くを学び、大きく成長できるのではないだろうか。

望む人生を送れていないのは、必ずしもあなたの努力が足りなかったからではない。「ここが自分の居場所だ。これが自分の生きる道だ」という確信が持てないのなら、進むべき方向を変えることは決して後退ではない。それは自分を愛することであり、一度きりの人生を、できる限り豊かにしようとする試みなのだ。

著者の一番のメッセージは、「続けるにしてもやめるにしても、自分の判断で選択できる。人生は、あなたの手の中にある」ではないだろうか。本書が、読者のみなさんがより良い人生を送るための一助になることを心より願っている。

翻訳は、岸本智恵、若松陽子の両氏と共同で作業した。訳文に何か問題があれば、責任はすべて私にある。編集担当の三田真美氏には、翻訳に際しての明確な指針と、温かくきめ細やかなサポートをいただいた。心よりお礼申し上げる。

児島　修

原註

プロローグ

1 Tim Birkhead, *Bird Sense: What It's Like to Be a Bird* (New York: Walker & Co., 2012), p. xvii. 邦訳『鳥になるのはどんな感じ？――見るだけでは物足りないあなたのための鳥類学入門』川上和人監訳・解説、嶋田香訳（羊土社、２０２１）

2 アダム・グラントとの電子メール、２０２１年10月９日。

3 Charlie Tyson, "The New Neurasthenia: How Burnout Became the Buzzword of the Moment," *The Baffler*, March 15, 2022, https://thebaffler.com/latest/the-new-neurasthenia-tyson.

4 Rana Mitter, "Baby Bust: China's Looming Demographic Disaster," *Spectator*, August 6, 2022, https://spectator.co.uk/article/babyfollowing-bust-chinas-looming-demographic-disaster.

5 Cassady Rosenblum, "Work Is a False Idol," *New York Times*, August 22, 2021, https://www.nytimes.com/2021/08/22/opinion/lying-flat-work-rest.html.

6 Daniel T. Willingham, "Ask the Cognitive Scientist: 'Grit' Is Trendy, but Can It Be Taught?," *American Educator*, Summer 2016, p. 28.

7 Patricia Kelly Yeo, "'An Unbelievable Sense of Freedom': Why Americans Are Quitting in Record Numbers," *Guardian*, November 3, 2021, https://www.theguardian.com/us-news/2021/nov/03/an-unbelievable-sense-of-freedom-why-americans-are-quitting-in-record-numbers.

8 Emma Kemp, "Ash Barty Announces Shock Retirement from Tennis at 25," *Guardian*, March 22, 2022, https://www.theguardian.com/sport/2022/mar/23/ash-barty-announces-shock-retirement-from-tennis-at-25.

9 Jane Leavy, *Sandy Koufax: A Lefty's Legacy* (New York: HarperCollins, 2002), p. xvii.

10 Lindsay Crouse, "Don't Be Afraid to Quit. It Could Help You Win," *New York Times*, August 11, 2021, https://www.nytimes.com/2021/08/11/opinion/molly-seidel-simone-biles-olympics.html.

11 Tyson, "The New Neurasthenia."

12 エイミー・ディキンソンとの電子メール、２０２１年11月５日。

13 Matt Krupnick, "More College Students Are Dropping Out during Covid. It Could Get Worse," *Guardian*, February 10, 2022, https://www.theguardian.com/us-news/2022/feb/10/college-students-dropout-covid-pandemic.

第１部

第１章

1 Jonathan Weiner, *The Beak of the Finch* (New York: Vintage, 1995), p. 63. 邦訳『フィンチの嘴――ガラパゴスで起きている種の変貌』樋口広芳、黒沢令子訳（早川書房、２００１）

2 前掲、Weiner, p. 60.

3 Merlin Sheldrake, *Entangled Life: How Fungi Make Our Worlds, Change*

Our Minds & Shape Our Futures (New York: Random House, 2020), p. 15. 邦訳『菌類が世界を救う——キノコ・カビ・酵母たちの驚異の能力』鍛原多惠子訳（河出書房新社、２０２２）

4 Jerry Coyne, *Why Evolution Is True* (New York: Penguin Books, 2009), p. 1. 邦訳『進化のなぜを解明する』塩原通緒訳（日経ＢＰ、２０１０）

5 Jennifer Ackerman, *The Genius of Birds* (New York: Penguin, 2016), pp. 20–37. 邦訳『鳥！ 驚異の知能——道具をつくり、心を読み、確率を理解する』鍛原多惠子訳（講談社ブルーバックス、２０１８）

6 前掲、Sheldrake, p. 41.

7 Katie Heaney, "The Clock-Out Cure: For Those Who Can Afford It, Quitting Has Become the Ultimate Form of Self-Care," *The Cut*, New York, May 11, 2021, https://www.thecut.com/2021/05/quitting-your-job-as-self-care.html#_ga=2.207319898.893941653.1660245953-525243665.1660245953.

8 前掲、Ackerman, pp. 85–86.

9 前掲、Ackerman, p. 177.

10 前掲、Ackerman, p. 182.

11 前掲、Coyne, p. 3.

12 カモンネ・フェリックスによる引用。"Simone Biles Chose Herself" *The Cut*, New York, September 27, 2021, https://www.thecut.com/article/simone-biles-olympics-2021.html.

13 ジャスティン・O・シュミットとの電話での会話、２０２１年8月23日。

14 J. O. Schmidt, "Decision Making in Honeybees: A Time to Live, a Time to Die?," *Insectes Sociaux*, April 6, 2020. Published by International Union for the Study of Social Insects by Birkhauser Verlag.

15 前掲、ジャスティン・O・シュミットとの電話での会話。

16 Erin Cox, "University of the Cumberlands Sued for Wrestler's Death," *Times-Tribune*, August 26, 2021, https://thetimestribune.com/news/local_news/university-of-the-cumberlands-sued-for-wrestlers-death/article_6945c063-1bcb-5061-b5ba-85376189577a.html.

17 Robert Sapolsky, *Why Zebras Don't Get Ulcers* (New York: W. H. Freeman, 1998), pp. 4–16. 邦訳『なぜシマウマは胃潰瘍にならないか——ストレスと上手につきあう方法』栗田昌裕監修、森平慶司訳（シュプリンガー・フェアラーク東京、１９９８）

18 Bessel van der Kolk, *The Body Keeps the Score: Brain, Mind, and Body in the Healing of Trauma* (New York: Penguin, 2014), p. 55. 邦訳『身体はトラウマを記録する——脳・心・体のつながりと回復のための手法』柴田裕之訳（紀伊國屋書店、２０１６）

19 ジョディ・アリンとの電話での会話、２０２１年11月11日。

20 クリスティン・スニードとの電話での会話、２０２１年8月11日。

21 Emily Nagoski and Amelia Nagoski, *Burnout: The Secret to Unlocking the Stress Cycle* (New York: Ballantine, 2019), p. 47.

22 前掲、Nagoski and Nagoski, p. 47.

第2章

1 トッド・パーカーとの電話での会話、２０２１年8月24日。

2 ミシャ・アーレンスとの電話での会話、２０２１年10月25日。特記のない限り、引用はすべてこのインタビューからのものである。

3 Ariel Sabar, "How a Transparent Fish May Help Decode the Brain," *Smithsonian Magazine*, July, 2015, https://www.smithsonianmag.com/science-nature/How-transparent-fish-may-help-decode-brain-180955734/.

4 前掲、van der Kolk, pp. 39–40.

5 マイケル・ブルーチャスとの電話での会話、２０２１年９月２日。特記のない限り、引用はすべてこのインタビューからのものである。

6 前掲、Sabar.

7 前掲、Sabar.

8 Elena Renken, "Glial Brain Cells, Long in Neurons' Shadow, Reveal Hidden Powers," *Quanta Magazine*, January 27, 2020, https://www.quantamagazine.org/glial-brain-cells-long-in-neurons-shadow-reveal-hidden-powers-20200127/.

9 Yu Mu et al., "Glia Accumulate Evidence That Actions Are Futile and Suppress Unsuccessful Behavior," *Cell* 178, no. 1 (June 27, 2019).

10 "Researchers Discover the Science behind Giving Up," *UW Medicine Newsroom*, July 25, 2019, https://newsroom.uw.edu/news/researchers-discover-science-behind-giving.

11 ティロ・ヴォメリスドルフとの電話での会話、２０１２年９月２日。特記のない限り、引用はすべてこのインタビューからのものである。

12 "Neuroscientists at Vanderbilt Identify the Brain Cells That Help Humans Adapt to Change," *Vanderbilt University Research News*, July 15, 2020, https://news.vanderbilt.edu/2020/07/15/neuroscientists-at-vanderbilt-identify-the-brain-cells-that-help-humans-adapt-to-change/.

13 Robert M. Sapolsky, *Behave: The Biology of Humans at Our Best and Worst* (New York: Penguin, 2017), p. 11.

14 前掲、van der Kolk, p. 35.

15 Bernd Heinrich, *Life Everlasting: The Animal Way of Death* (New York: Houghton Mifflin Harcourt, 2012), p. 171.

第３章

1 Matthew Specktor, *Always Crashing in the Same Car: On Art, Crisis, & Los Angeles, California* (Portland, OR: Tin House, 2021), p. 207, 213–14.

2 エミリー・ゼムラーとの電子メール、２０２２年２月16日。

3 デヴォン・プライスとの電子メール、２０２２年５月25日。

4 バーバラ・スタンウィックがワイオミング大学の映画学科の学生に宛てた１９８６年10月24日付の手紙の中で。同大学アメリカンヘリテージ・センターの許可を得て転載。

5 Dana Spiotta, *Wayward* (New York: Knopf, 2021), p. 13.

6 ダナ・スピオッタとの電話での会話、２０２２年１月７日。

7 Adam Phillips, "On Giving Up," *London Review of Books* 44, no. 1 (January 6, 2022), https://www.lrb.co.uk/the-paper/v44/n01/adam-phillips/on-giving-up.

8 Herman Melville, *Moby-Dick or, The Whale* (Indianapolis: Bobbs Merrill, 1964), p. 685. 邦訳『白鯨』富田彬訳他（角川文庫、２０１５）

9 ロジャー・パインズとの電子メール、２０２２年１月16日。

10 ダイアン・ケーシーとの電話での会話、２０２２年４月22日。

11 Herman Melville, *Four Short Novels* (New York: Bantam Books, 1959), p. 25. 邦訳『書記バートルビー／漂流船』牧野有通訳（光文社古典新訳文庫、２０１５）他

12 John Updike, "*A&P*," *The Early Stories: 1953–1975* (New York: Random House, 2004), p. 601. "We are not just the product of our genes": Heinrich, Life Everlasting, p. 194. 邦訳『アップダイク自選短編集』岩元巌訳（新潮文庫、１９９５）収録

13 Devon Price, *Laziness Does Not Exist: A Defense of the Exhausted,*

Exploited, and Overworked* (New York: Atria, 2021), p. 27.
14 前掲、Price, pp. 29–30.

第２部

第４章

1 ベザー・ストーンとの電話での会話、２０２１年11月21日。
2 ピーター・シンネマの電話での会話、２０２１年９月24日。
3 Walter Isaacson, *Benjamin Franklin: An American Life* (New York: Simon & Schuster, 2003), p. 484.
4 Rachel Monroe, "I'm a Life Coach, You're a Life Coach: The Rise of an Unregulated Industry," *Guardian*, October 6, 2021, https://www.theguardian.com/lifeandstyle/2021/oct/06/life-coaching-brooke-castillo-unregulated-industry.
5 Julia Samuel, *Grief Works: Stories of Life, Death, and Surviving* (New York: Simon & Schuster, 2017), p. xxiv. 邦訳『大切な人を亡くしたあなたに――悲しみを乗り越えず、受け入れる』満園真木訳（辰巳出版、２０１８）
6 Willa Cather, *An introduction to My Antonia* (New York: Penguin, 1994), pp. viii–ix. 邦訳『マイ・アントニーア 新装版』佐藤宏子訳（みすず書房、２０１７）
7 Brad Stulberg, *The Practice of Groundedness: A Transformative Path to Success That Feeds.Not Crushes.Your Soul* (New York: Portfolio, 2021), p. 10.
8 Arianna Huffington, *Thrive: The Third Metric to Redefining Success and Creating a New Life of Well-Being, Wisdom, and Wonder* (New York: Harmony Books, 2015), p. 1.
9 ブラッド・スタルバーグとの電子メール、２０２１年11月10日。
10 Matthew Specktor, "Enter the Dream Factory: Christine Sneed in Conversation with Matthew Specktor," interview by Christine Sneed, *The Millions*, June 8, 2021, https://themillions.com/2021/07/enter-the-dream-factory-christine-sneed-in-conversation-with-matthew-specktor.html.
11 Samuel Smiles, *Self-Help: With Illustrations of Character and Conduct* (New York: Oxford University Press, 2008), p. 22, 90. 邦訳『新・完訳 自助論』久保美代子訳（アチーブメント出版、２０１６）他
12 Anna Katharina Schaffner, "Top 10 Books about Self-Improvement," *Guardian*, December 29, 2021, https://www.theguardian.com/books/2021/dec/29/top-10-books-about-self-improvement-anna-katharina-schaffner-the-art-of-self-improvement-new-year-resolutions.
13 Wendy Kaminer, *I'm Dysfunctional, You're Dysfunctional: The Recovery Movement and Other Self-Help* (New York: Vintage, 1993).
14 ウェンディ・カミナーとの電話での会話、２０２１年11月30日。
15 Napoleon Hill, *Think and Grow Rich* (New York: Fawcett Crest, 1960), p. 38, 53. 邦訳『思考は現実化する』田中孝顕訳（きこ書房、２０１４）他
16 前掲、Hill, p. 103.
17 前掲、Hill, p. 151.
18 前掲、Hill, p. 155, 158.
19 Norman Vincent Peale, *The Power of Positive Thinking* (New York: Fawcett Crest, 1952), p. 13. 邦訳『新訳 積極的考え方の力――成功と幸福を手にする17の原則』月沢李歌子訳（ダイヤモンド社、２０１２）他

20 ポール・ピーターソンとの電話での会話、２０２１年11月30日。
21 ロン・ローデンとの会話、２０２１年11月３日。
22 Tracy Wilk, quoted in “LinkedIn Asked Peo-ple to Give Advice to Their 20-Year-Old Selves” by Jessica Stillman, *Inc.*, July 22, 2021, https://www.inc.com/jessica-stillman/linkedin-career-advice-jeff-bezos.html.
23 リック・マクヴィーとの電話での会話、２０２１年９月８日。

第５章

1 シャロン・ハーヴェイとの電話での会話、２０２１年９月14日。
2 Thomas Wolfe, *Look Homeward, Angel* (New York: Scribner, 1929), p. 5. 邦訳『天使よ故郷を見よ』大沢衛訳（講談社文芸文庫、２０１７）他
3 Daniel Kahneman, *Thinking, Fast and Slow* (New York: Farrar, Straus and Giroux, 2011), p. 14. 邦訳『ファスト&スロー――あなたの意思はどのように決まるか?』村井章子訳（ハヤカワ文庫、２０１２）
4 ダン・クノッセン、デイヴ・シェイニンによる引用。“A Wounded Warrior's Grueling Path to Paralym-pic Gold”, *Washington Post*, March 4, 2022. https://www.washingtonpost.com/sports/olympics/2022/03/11/dan-cnossen-navy-seal-paralympics-biathlon/.
5 ミシェル・ウェルドンとの電話での会話、２０２１年９月７日。
6 エイミー・ディキンソンとの電子メール、２０２１年11月５日。
7 クリスティン・ブロケとの電話での会話、２０２１年７月28日。
8 ハワード・ベルクスとの電子メール、２０２２年１月16日。
9 Emily Langer, “Justus Rosenberg, Holocaust rescuer, dies at 100,” *Washington Post*, November 19, 2021, https://www.washingtonpost.com/obituaries/2021/11/19/justus-rosenberg-dead/.
10 George F. Will, “The Goodness of Bob Dole,” *Washington Post*, December 5, 2021, https://www.washingtonpost.com/opinions/2021/12/05/goodness-of-bob-dole-george-will/.

第６章

1 Ross Barkan, “Why Is New York City's Mayor Blaming Tenants for the Deadliest Fire in a Century?” *Guardian*, January 13, 2022, https://www.theguardian.com/commentisfree/2022/jan/13/why-is-new-york-citys-mayor-blaming-tenants-for-the-deadliest-fire-in-decades.
2 ミッキー・マクギーとの電話での会話、２０２１年12月19日。
3 Micki McGee, *Self-Help, Inc.: Makeover Culture in American Life* (New York: Oxford University Press, 2005), p. 13.
4 Eli Saslow, “The Moral Calcula-tions of a Billionaire,” *Washington Post*, January 30, 2022, https://www.washingtonpost.com/nation/2022/01/30/moral-calculations-billionaire/.
5 フィリップ・マーティンとの電子メール、２０２２年５月26日。
6 ジョー・ロドリゲスとの電子メール、２０２１年９月３日。
7 ウェンディ・シモンズとの電話での会話、２０２１年９月17日。
8 Jennifer Haigh, *Mercy Street* (New York: Ecco, 2022), p. 7.
9 Louis Menand, *The Free World: Art and Thought in the Cold War* (New York: Farrar, Straus and Giroux, 2021), p. xiii.
10 Sarah Kendzior, *The View from Flyover Country: Dispatches from the Forgotten America* (New York: Macmillan, 2018), p. xi.

第７章

1 Kyle Porter, "2022 Masters: A Legend Who Only Defined Success as Victory, Tiger Woods Inspires by Refus-ing to Stop Competing," *CBS Sports,* April 10, 2022, https://www.cbssports.com/golf/news/2022-masters-a-legend-who-only-defined-success-as-victory-tiger-woods-inspires-by-refusing-to-stop-competing/.

2 Stephen Daisley, "Why Everyone Should Be 'Quiet Quitting,'" *Spectator,* August 13, 2022, https://www.spectator.co.uk/article/why-everyone-should-be-quiet-quitting/.

3 Paula Cocozza, "A New Start after 60: 'I Became a Psychotherapist at 69 and Found My Calling,'" *Guardian,* March 7, 2022, https://www.theguardian.com/lifeandstyle/2022/mar/07/a-new-start-after-60-i-became-a-psychotherapist-at-69-and-found-my-calling.

4 ライディ・クロッツとの電話での会話、２０２１年12月８日。

5 デイヴ・アレンとの電話での会話、２０２１年10月20日。

6 David W. Chen, "A Cham-pion Swimmer Found a New Life on the Rocks," *New York Times,* August 18, 2021, https://www.nytimes.com/2021/08/18/sports/swimming-champion-rock-climbing-freedom.html.

7 Franklin Foer, *How Soccer Explains the World: An Unlikely Theory of Globalization* (New York: Harper, 2004), p. 1. 邦訳『サッカーが世界を解明する』伊達淳訳（白水社、２００６）

8 David Epstein, *Range: Why Generalists Triumph in a Specialized World* (New York: Riverhead, 2019), p. 287. 邦訳『ＲＡＮＧＥ（レンジ）――知識の「幅」が最強の武器になる』東方雅美訳（日経ＢＰ、２０２０）

9 前掲、Epstein, p. 142.

10 Derek Thompson, "Hot Streaks in Your Career Don't Happen by Accident," *Atlantic,* November 1, 2021, https://www.theatlantic.com/ideas/archive/2021/11/hot-streaks-in-your-career-dont-happen-by-accident/620514/.

11 Arianne Cohen, "Why You Should Quit Your Job after 10 Years," *Bloomberg Businessweek,* June 24, 2022, https://www.bloomberg.com/news/articles/2022-06-24/make-a-career-change-every-10-or-so-years-experts-say.

12 エドワード・グレイとの電話での会話、２０２１年10月21日。

13 Katharine Q. Seelye, "Greg Steltenpohl, Pioneer in Plant-Based Drinks, Dies at 66," *New York Times,* March 19, 2021, https://www.nytimes.com/2021/03/19/business/greg-steltenpohl-dead.html.

14 Leon Edel, *Henry James* (New York: Harper & Row, 1985), p. 420.

15 Janet Browne, *Charles Darwin: The Power of Place* (Princeton, NJ: Princeton University Press, 2002), p. 38.

16 前掲、Browne, p. 37.

17 前掲、Browne, p. 48.

18 前掲、Browne, p. 55.

第８章

1 Rachel Maddow, "Rachel Maddow on Her Critics: 'Your Hatred Makes Me Stronger. Come on! Give Me More!'"、Guardian 紙 David Smith によるインタビュー（２０２０年２月２日）、https://www.theguardian.

com/media/2020/feb/02/rachel-maddow-on-her-critics-your-hatred-makes-me-stronger-come-on-give-me-more.

2 Betsey Stevenson, transcript, The Ezra Klein Show podcast, "Welcome to the 'Take This Job and Shove It' Econ-omy," June 18, 2021, p. 3.

3 ルシンダ・ハーンとの電話での会話、2021年12月22日。

4 Edmund Morris, *Edison* (New York: Random House, 2019), pp. 53–82.

5 前掲、Morris, p. 53.

6 キャシー・バレンジャーとの電話での会話、2022年4月8日。

7 ガイ・ダヴとの電話での会話、2022年2月2日。

8 ジョン・A・リストとの電話での会話、2022年3月11日。

9 John A. List, *The Voltage Effect: How to Make Good Ideas Great and Great Ideas Scale* (New York: Currency, 2022), p. 185. 邦訳『そのビジネス、経済学でスケールできます。』高遠裕子訳（東洋経済新報社、2023）

10 前掲、List, p. 187.

11 Eliot Brown and Maureen Farrell, *The Cult of We: WeWork, Adam Neumann, and the Great Startup Delusion* (New York: Crown, 2021), pp. 337–38.

12 アダム・グラントとの電子メール、2021年10月9日。

13 ルース・スターンバーグへの電話インタビュー、2021年8月13日。

14 前掲、List, p. 200.

15 ジャック・ジマーマンとの電話での会話、2021年8月30日。

16 マイク&レスリー・モーツ夫妻との会話、2021年11月7日。

17 チップ・コンリーとの電子メール、2021年12月16日。

18 前掲、Morris, p. 272.

19 前掲、Morris, pp. 166–67.

第9章

1 ステファニー・ローズ・スポルディングとの電話での会話、2021年11月23日。

2 クリスティン・ディフェンバックとの電話での会話、2021年11月10日。

3 ロビン・ヨーカムとの会話、2021年9月28日。

4 ボニー・ミラー・ルービンとの電話での会話、2021年8月10日。

5 ハイディ・スティーヴンスとの電話での会話、2021年11月20日。

6 前掲。

7 ルイス・ヘインズとの電話での会話、2021年11月28日。

8 Eric J. Johnson, *The Elements of Choice: Why the Way We Decide Matters* (New York: Riverhead, 2021), p. 291.

9 エリック・J・ジョンソンとの電話での会話、2021年12月16日。

10 スーザン・ウォーレンとの電話での会話、2021年12月30日。

11 マージ・ギャロウェイとの会話、2021年9月25日。

12 ララ・ウェーバーとの電話での会話、2021年8月19日。

13 ゲイル・ヘッツラーとの電話での会話、2021年10月12日。

第10章

1 Katherine Rosman, "Girl, Wash Your Timeline," *New York Times*, April 29, 2021, https://www.nytimes.com/2021/04/29/style/rachel-hollis-tiktok-video.html.

2 Cathy O'Neil, *The Shame Machine: Who Profits in the New Age of Humiliation* (New York: Crown, 2022), pp. 96–97.

3 Sean Sanders and Jessica Mendoza, " 'Quit-Tok': 'The Great Resigna-

tion' Hits Social Media," *Good Morning America*, December 9, 2021, https://www.goodmorningamerica.com/living/story/tiktok-publicly-resign-jobs-81645086.

4 Ashley Owusu, Kareem Copeland による Washington Post 紙への寄稿、"Brenda Frese Downplays High-Profile Transfers, Restocks Maryland's Roster"（２０２２年５月13日）での引用。https://www.washingtonpost.com/sports/2022/05/13/maryland-womens-basketball-transfers-brenda-frese/.

5 アーロン・バリックとの電子メール、２０２２年２月28日。

6 Dan Milmo, "Frances Haugen Takes on Facebook: The Making of a Modern US Hero," *Guardian*, October 10, 2021, https://www.theguardian.com/technology/2021/oct/10/frances-haugen-takes-on-facebook-the-making-of-a-modern-us-hero.

7 Patrick Radden Keefe, "The Bounty Hunter," *New Yorker*, January 24, 2022, p. 34.

8 メリッサ・アリソンとの電話での会話、２０２１年８月10日。

9 ロバート・シュムールとの電話での会話、２０２２年１月12日。

10 Caitlin Flanagan, "You Really Need to Quit Twitter," *Atlantic*, July 5, 2021, https://www.theatlantic.com/ideas/archive/2021/07/twitter-addict-realizes-she-needs-rehab/619343/.

11 Moya Lothian-McLean, "I Built a Life on Oversharing.Until I Saw Its Costs, and Learned the Quiet Thrill of Privacy," *Guardian*, May 2, 2022, https://www.theguardian.com/commentisfree/2022/may/02/life-oversharing-costs-thrill-privacy-social-media-journalism.

12 Freya India, "Adele and the Strange Glamorisa-tion of Divorce," *Spectator*, May 10, 2022, https://www.spectator.co.uk/article/no-adele-divorce-isn-t-glamorous.

第11章

1 エイミー・ディキンソンとの電子メール、２０２１年11月５日。

2 Susan Stamberg, "Denied a Stage, She Sang for a Nation," *NPR*, April 9, 2014, https://www.npr.org/2014/04/09/298760473/denied-a-stage-she-sang-for-a-nation.

3 リーディ・クロッツとの電話での会話、２０２１年12月８日。

4 前掲、van der Kolk, p. 80.

5 コニー・シュルツとの電話での会話、２０２１年８月23日。

6 パティ・ビルズとの電話での会話、２０２１年10月28日。

7 ティム・バノンとの電話での会話、２０２１年８月24日。

8 Julian Barnes, *The Only Story* (New York: Knopf, 2018), pp. 87–88.

9 ガウラヴ・アガーワルとの電話での会話、２０２２年１月４日。

10 グレン・ウォーシーとの電話での会話、２０２１年９月５日。

11 Margaret Renkl, *Late Migrations: A Natural History of Love and Loss* (Minneapolis: Milkweed, 2019), p. 113.

12 前掲、Renkl, p. 119.

13 Derek Thompson, "What Quitters Understand about the Job Market," *Atlantic*, June 21, 2021, https://www.theatlantic.com/ideas/archive/2021/06/quitting-your-job-economic-optimism/619242/.

14 Rich Muller による引用。"Notes from a Parallel Universe," by Jennifer Kahn, T*he Best American Science Writing 2003* (New York: HarperCollins, 2003), p. 118.

15 George A. Bonanno, *The End of Trauma: How the New Science of Resilience Is Changing How We Think about PTSD* (New York: Basic Books,

2021), p. 16.

16 前掲、Bonanno, p. 18.

17 前掲、Bonanno, p. 215.

18 ウェンディ・カミナーとの電話での会話、２０２１年11月30日。

19 ダナ・スピオッタとの電話での会話、２０２２年１月７日。

20 コメントは、クラーク・ミドルトンがアスリティス財団のために作成した動画、https://blog.arthritis.org/living-with-arthritis/life-legacy-clark-middleton/ から引用。

エピローグ

1 Arthur Miller, *Death of a Salesman, in The Portable Arthur Miller* (New York: Viking, 1971), p. 132. 邦訳『アーサー・ミラー〈1〉セールスマンの死』倉橋健訳（ハヤカワ演劇文庫、２００６）他

2 David J. Linden, "A Neuroscientist Prepares for Death," *Atlantic*, December 30, 2021, https://www.theatlantic.com/ideas/archive/2021/12/terminal-cancer-neuroscientist-prepares-death/621114/.

3 Elliot Dallen, "At 31, I Have Just Weeks to Live. Here's What I Want to Pass On," *Guardian*, September 7, 2020, https://www.theguardian.com/commentisfree/2020/sep/07/terminal-cancer-live-cancer-life-death.

著者

ジュリア・ケラー　Julia Keller, Ph.D.

ピュリツァー賞受賞ジャーナリスト兼小説家。オハイオ州立大学で英文学博士号取得。プリンストン大学、シカゴ大学、ノートルダム大学で教鞭を執り、ハーバード大学ニーマンフェロー、「シカゴ・トリビューン」紙のスタッフ・ライター、書評チーフを歴任後、ジャーナリストをやめて、執筆活動に専念する。自身の人気ミステリー小説シリーズ『検事ベル・エルキンス』の舞台でもあるウエスト・ヴァージニア州出身。

訳者

児島 修　Osamu Kojima

英日翻訳者。1970年生まれ。立命館大学文学部卒（心理学専攻）。主な訳書に『サイコロジー・オブ・マネー』『DIE WITH ZERO』（以上ダイヤモンド社）、『ハーバードの心理学講義』（大和書房）など。

QUITTING やめる力

最良の人生戦略

2023年5月17日　1版1刷
2023年9月28日　　3刷

著　者	ジュリア・ケラー
訳　者	児島　修
発行者	國分正哉
発　行	株式会社日経BP 日本経済新聞出版
発　売	株式会社日経BP マーケティング 〒105-8308　東京都港区虎ノ門4-3-12
装丁・本文デザイン	三森健太（JUNGLE）
組　版	株式会社キャップス
印刷・製本	株式会社シナノ

ISBN 978-4-296-11656-0